KB270250

Hi! Pipe Ⅱ

CCM 편

전은배 편집

교회음악사

편집자 서문

나의 생전에 여호와를 찬양하며 나의 평생에 내 하나님을 찬송하리로다 (시 146 :2)

먼저 Hi! Pipe II집 <CCM 편>으로 두 번째 오르간 편곡집을 출판할 수 있도록 허락하신 하나님께 모든 영광과 감사를 올립니다.

오르가니스트로서 하나님께 예배로 섬길 수 있다는 것은 가장 큰 은혜입니다. 우리 오르가니스트들은 하나님께 최고의 찬양을 드리는 데 많은 고민이 있을 것입니다. 매 주일 전주와 후주, 절기에 맞는 음악들을 선정하여 준비하고, 다양한 찬송을 성도들에게 알리고, 예배 중 오르간 음악을 담당해야 하는 임무에 작게나마 도움이 되기를 바라는 마음입니다.

이번 II 집은 교회에서 친숙하게 불리는 국내외의 CCM (contemporary christian music) 음악으로 구성하였습니다. CCM 이란, 대중음악의 형식을 취하면서도 내용 면에서는 기독교의 정신을 담아내는 모든 장르를 포괄하는 기독교 음악을 지칭한다고 합니다. 현대 교회에서는 점점 예배에서 찬송가 뿐 만 아니라 CCM을 많이 부르고, 연주하고 있습니다. 그러한 이유로, CCM을 오르간에서 예배 전주와 후주 나아가서 연주곡으로도 보다 효과적인 연주할 수 있도록 편곡하였습니다.

한국 교회음악은 코로나라는 긴 터널을 지나며, 시대와 환경에 따라 지속적으로 성장, 발전해왔습니다. 중, 장년층과 청년, 청소년들에게 모두 애창되는 CCM들을 선별하였습니다. 이 작업을 위하여 국내외에서 활동하는 교회음악가, 오르가니스트, 작곡가들이 함께 참여해 주셨습니다.

이 편곡집을 출판하기에 심혈을 기울여 귀한 작품들을 편곡해 주시고, 인내로 기다려 주신 8분의 작곡가 장태승, 임주은, 이근형, 조아름, 서은정, 박희성, 박시애, Hanna Cho 선생님께 진심으로 감사드립니다. 또한, 감수위원으로 진심을 다해 감사해 주신 한은미 선생님과 악보 사보와 총편집을 도와주신 박보람, 주현순 선생님까지 동참해 주신 모든 분들께 감사드립니다.

SOLI DEO GROLIA !

2024년 1월 27일
편집자 전 은 배

- 이 편곡집에 기재된 레지스트레이션은 오르가니스트들이 자유롭게 가감할 수 있도록 가장 기본적인 스탑을 제시하였습니다. 연주곡 편은 연주자의 연주 목적과 의도에 따라 창의적으로 음색을 구상하시길 권유해드립니다.

추천사

Hi! Pipe II 집 CCM 편의 탄생을 진심으로 축하드립니다.

　매주 최고의 찬양을 드리며 주의 백성들을 하나님의 임재 안으로 이끄는 귀한 오르가니스트들을 위한 이 편곡집의 발간을 진심으로 축하드립니다. 이 편곡집을 위해 혼신의 노력으로 섬겨오신 전은배 교수님과 아름다운 편곡으로 섬겨주신 모든 편곡자분들, 그리고 수고하신 모든 분들께 감사를 드립니다.

　이 편곡집은 한국교회의 경건한 예배와 새로운 시대의 노래가 만나는 귀한 작업입니다. 이 오르간 편곡집이 그리스도의 공동체마다 세대를 넘어 모든 세대가 살아계신 하나님을 예배하는 일에 귀하게 쓰임받을 것을 저는 확신합니다. 부모세대와 자녀세대로, 때로는 음악적인 선호도로 나뉘어진 세대들을 이어주며 하나님의 임재 안에서 함께 주님을 경배하며 함께 우리 민족 안에 공유되었던 노래들로 찬송하는 영광스러운 일에 주님께서 쓰실 줄을 믿습니다.

　특별히 CCM편인 이 편곡 작품들은 아직까지는 외국곡 위주로 된 오르간 연주를 벗어나서 한국인의 신앙과 심성, 한국의 영적토양에서 건져올린 곡들로 되어있다는 것에 많은 의미가 있습니다. 우리 한국교회는 다른 나라들에 비하면 비교적 짧은 기독교 역사를 가졌지만 하나님의 축복으로 세계사적으로도 유래가 없는 부흥과 성장이 있었습니다. 그리고 온 세계에 복음을 전하는 나라가 되었습니다. 최근에는 한국의 음악과 문화가 전 세계에 퍼져나가고 있습니다. 이 때에 한국인 작곡가들과 편곡자분들의 작업으로 탄생한 이 작품들을 가지고 한국교회가 우리 한국인의 영성과 음악으로 하나님을 진실하게 경배하며 이 땅의 하늘을 진동하기를 기도합니다.

　찬송가도 당시에는 그 시대의 음악이었고 세월이 흘러도 변하지 않는 그 신앙의 고백과 함께 수많은 주의 백성들에게 하나님을 향한 찬양과 신앙의 영감과 삶의 헌신의 고백을 주었습니다. 이제 이 땅에서 하나님을 찬송하는 이 시대의 한국 CCM곡들의 오르간 편곡작품들이 하나님의 나라를 위해 아름답게 드려지기를 기도합니다. 또한 아름답고 웅장한 음악으로 하나님의 사랑과 영광을 연주하는 모든 오르가니스트분들과 한국교회 예배의 부흥을 위해 귀하게 쓰임받기를 기도합니다.

다시 한번, 이 편곡집의 아름다운 탄생을 위해 수고하신 모든분들께 감사를 드립니다.

2024년 2월에

부흥한국 대표, 작사작곡가 고형원

목차

날마다
Day by Day

Sw. Flute 8, Viola 8
Gt. Pricipal 8
Ped. Soft 16, 8

Lina Sandell Berg 작사
Oscar Ahnfelt 작곡
장태승 편곡

Copyright © 2023 교회음악사 All Rights reserved

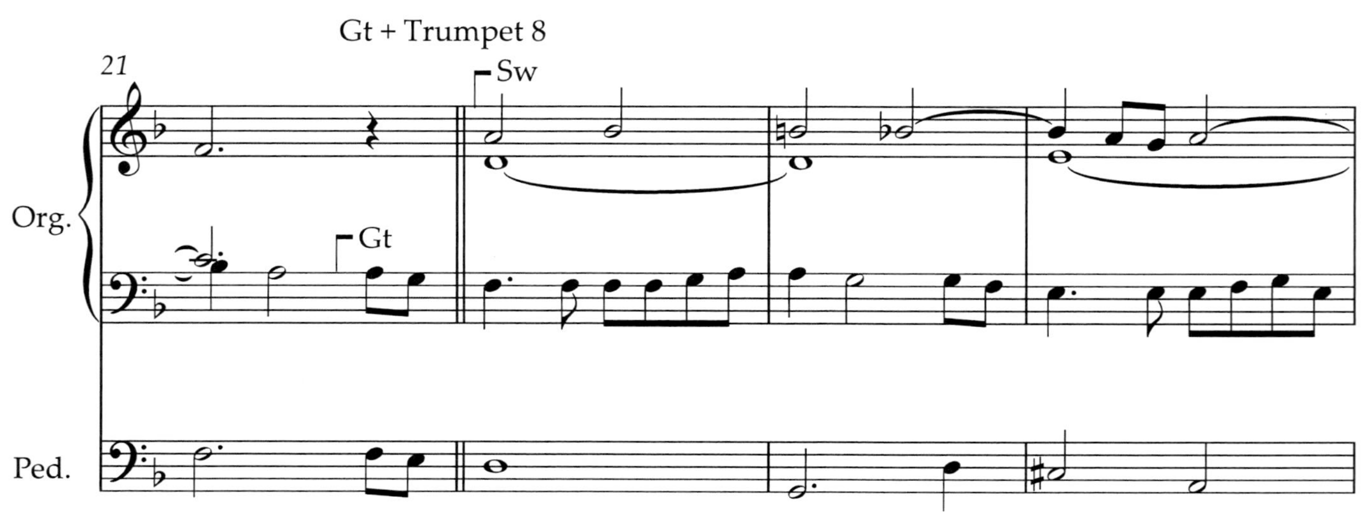

25
Org.
Ped.

29
Gt
Org.
Sw
Ped.

33
Sw
Org.
Gt
Ped.

rit.
38
Org.
Sw
Ped.

Broadly ♩ = ca. 60
Sw +Flute 4, Principal 4, Sw/Gt, Gt/Pd
- Trumpet
43
Org.
Gt
Ped.

47
Org.
Ped.

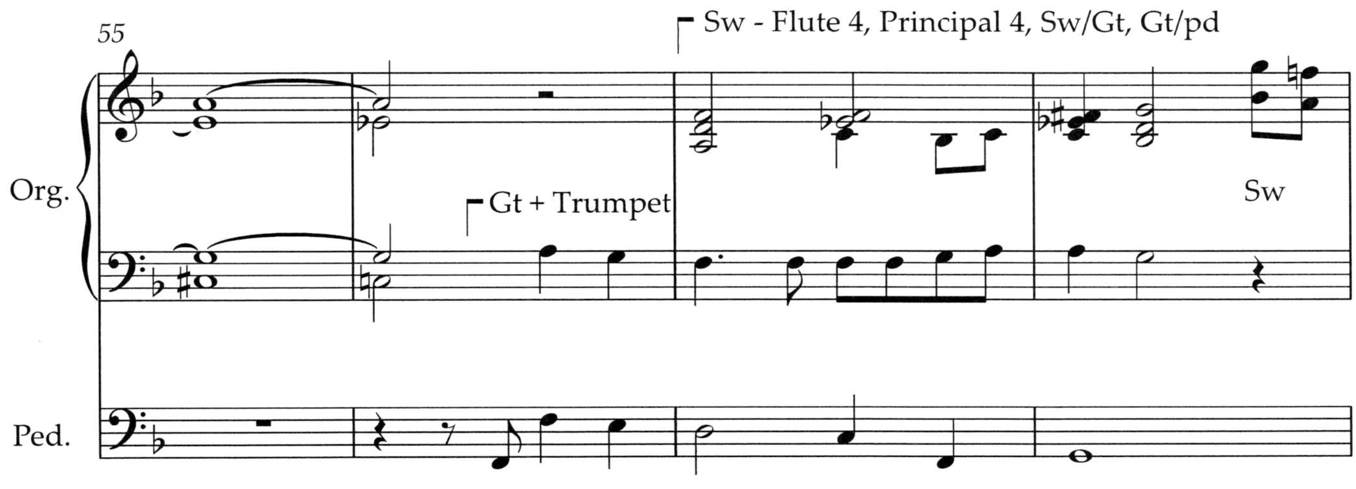
Sw - Flute 4, Principal 4, Sw/Gt, Gt/pd
Gt + Trumpet
Sw

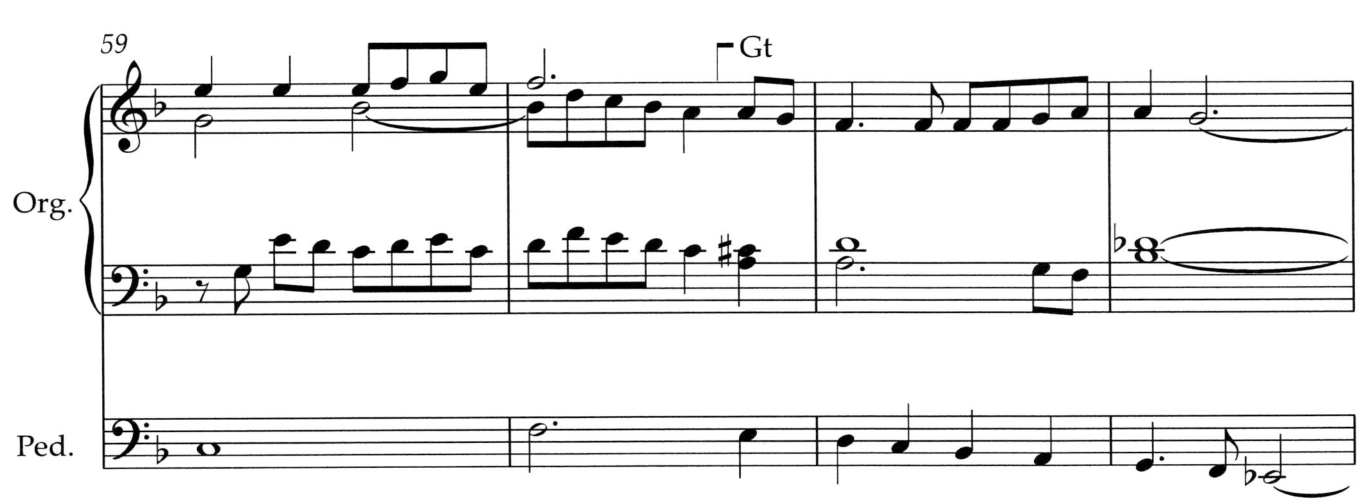
Gt

63
Org.
Sw

67
Gt
Org.
Sw
Ped.

72
Org.
Ped.
3
ossia

내게 있는 향유옥합

I Surrunder All

Sw. Flute 8, Violaceleste 8
Gt. Flute 8, 4, Sw / Gt
Pd. Soft 16, 8

박정관 작사/작곡
임주은 편곡

Copyright © 2023 교회음악사 All rights reserved.
본 악보집은 한국크리스천음악저작자협회로부터 승인을 받았습니다.

주님의 시간에
In His Time

Sw. Flute 8, 4
Gt. Flute 8, 2
Ped. Soft 16, 8

Linda Diane Ball 작사/작곡
이근형 편곡

Copyright © 2023 교회음악사 All Rights reserved
O.T: In His Time/ O.W: Lindia Diane Ball
O.P: Cccm Music, UniversalMusic - Brentwood Benson Publ. /S.P.: Universal MusicPublishing Korea, CAIOS
Adam.: Capitol CMG Publishing / All right reserved. Used by permission

13
Org.
Ped.
17
Org.
Ped.
21
Org.
Sw
+ Sw/Pd
Ped.

36
Org.
Ped.

39
Gt
Org.
mf
Ped.

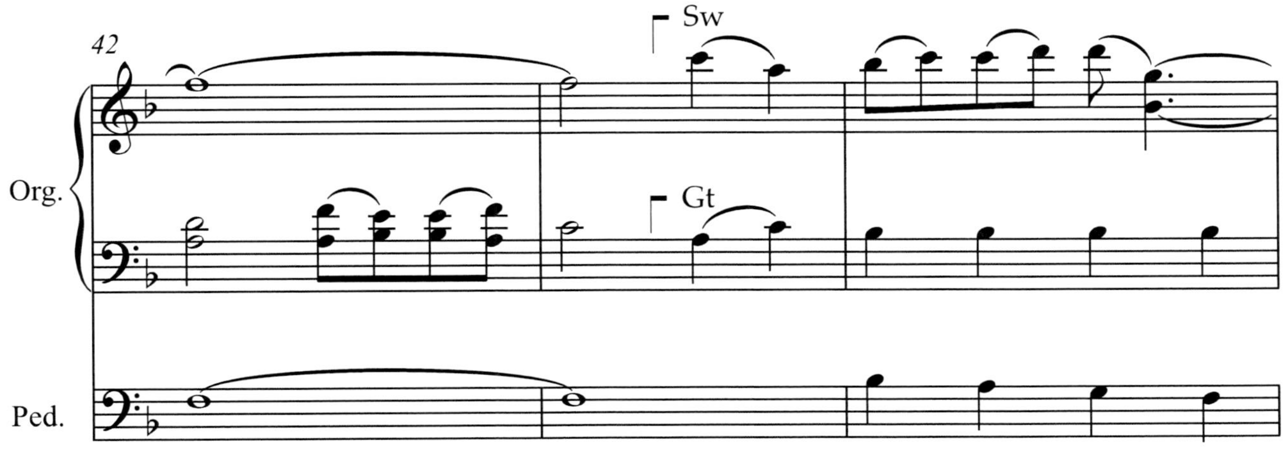

42
Sw
Org.
Gt
Ped.

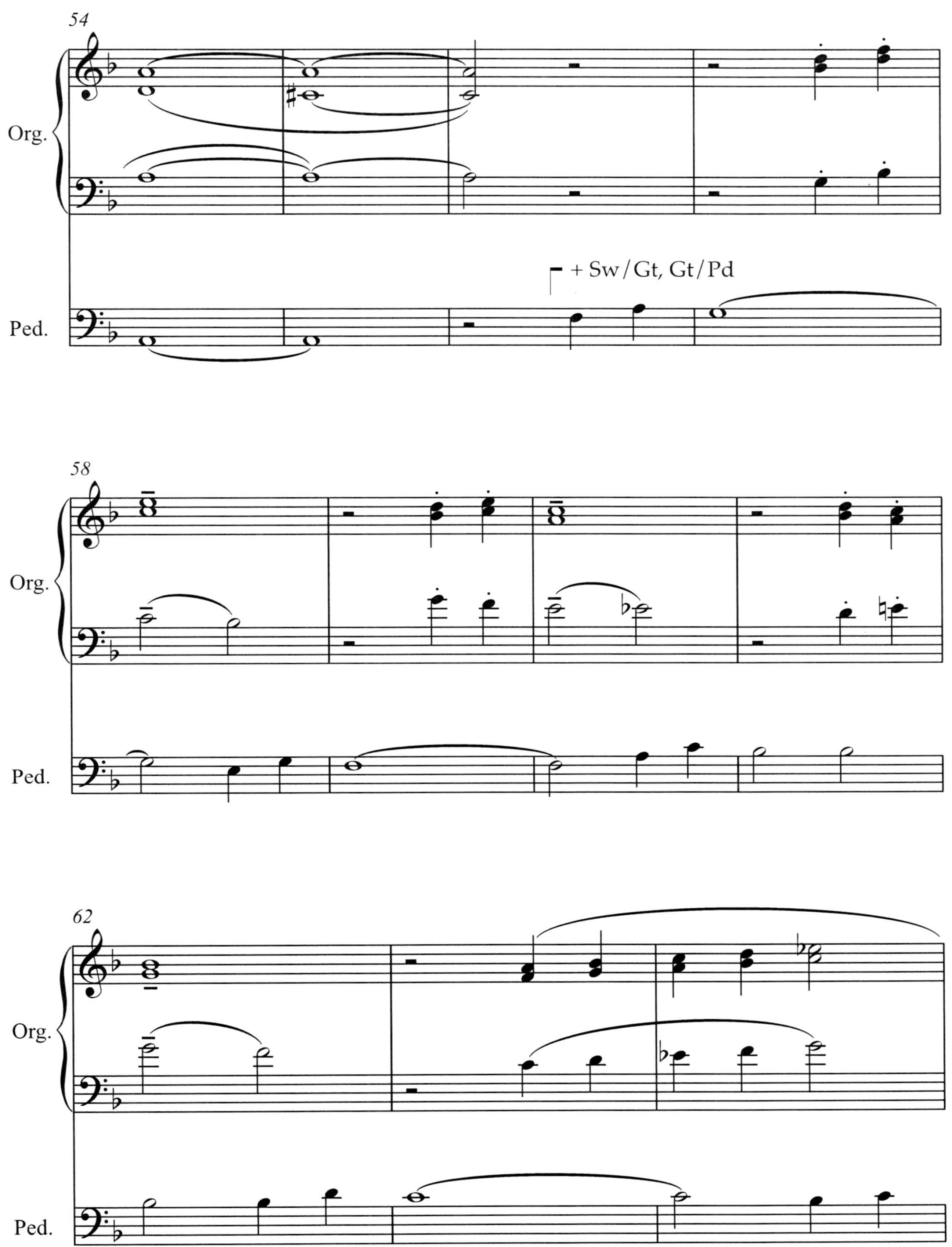

54
Org.
Ped.
+ Sw/Gt, Gt/Pd
58
Org.
Ped.
62
Org.
Ped.

rit.

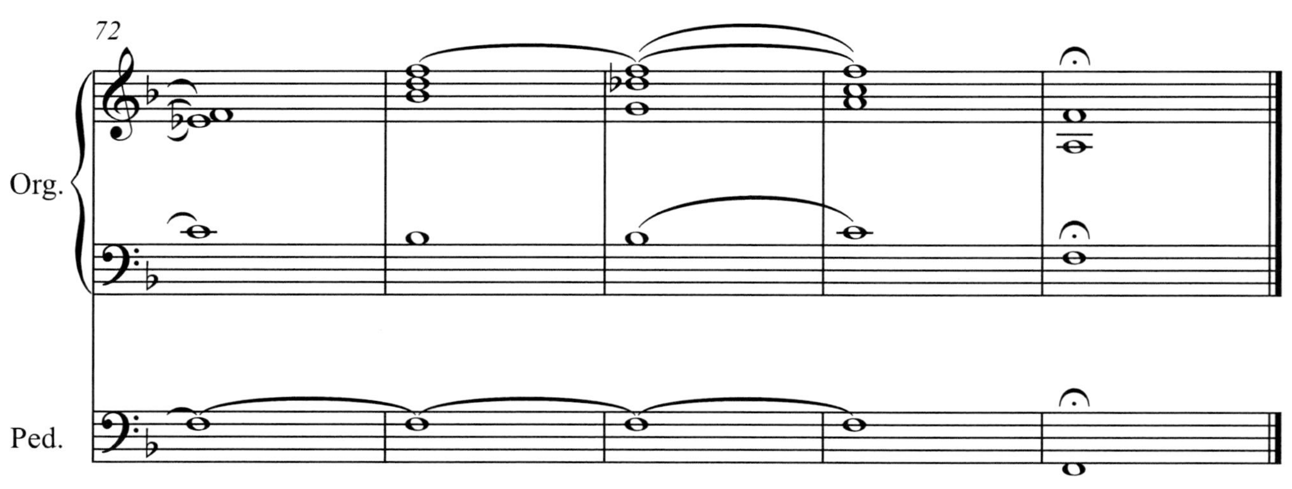

내 주의 은혜 강가로

The Riverside of the Grace of My Lord

Sw. Flute 8, Nazard 2 2/3, Flute 2
Gt. Principal 8, Octave 4, Flute 8, Flute 4
Ped. Soft 16, 8, Gt/Pd

오성주 작사/작곡
서은정 편곡

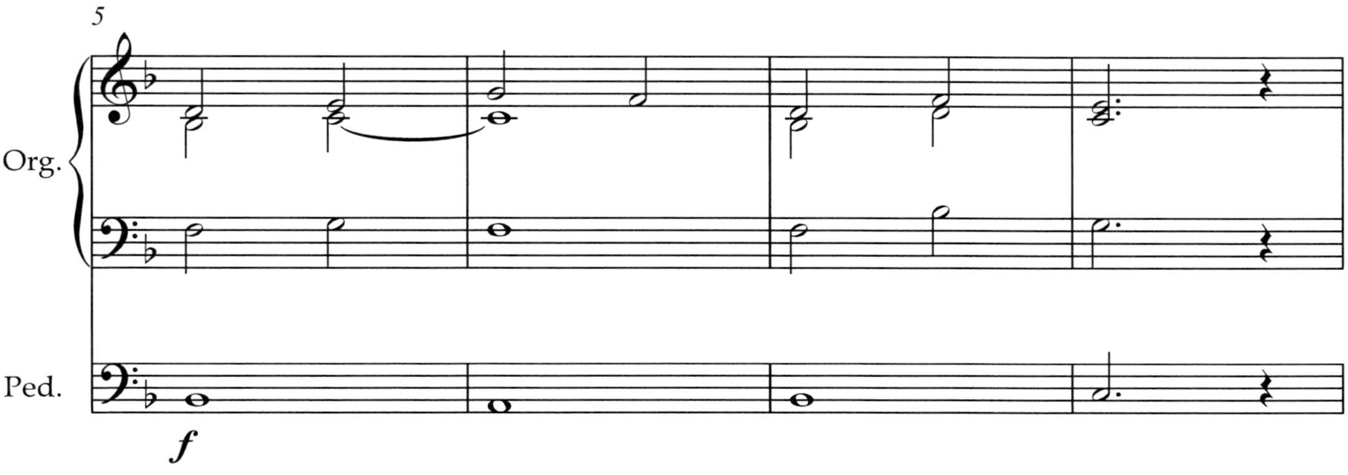

Copyright © 2023 교회음악사 All Rights reserved

13
Org.
Ped.
Sw
p

17
Org.
Ped.
mp

21
Org.
Ped.

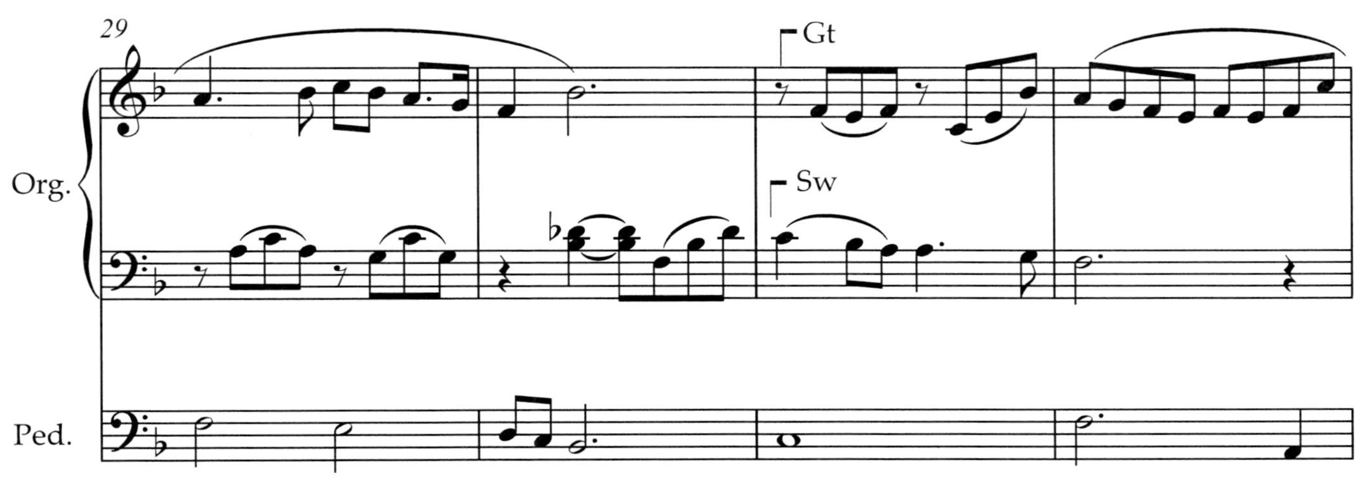
Gt
Sw

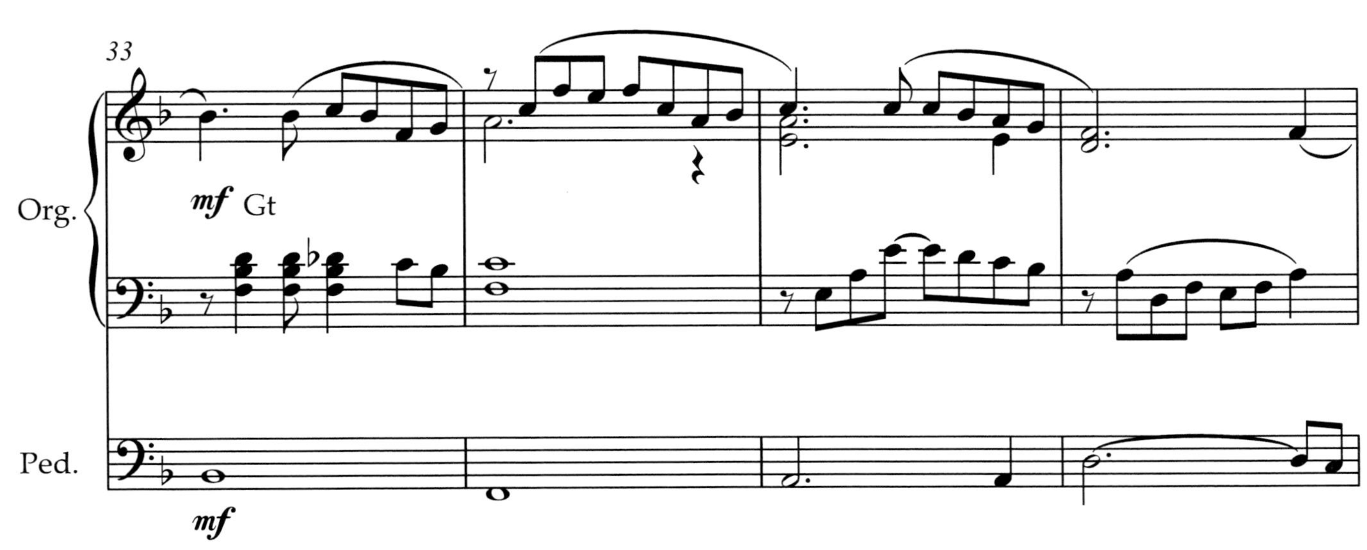
mf Gt
mf

37
Org.
Ped.
Sw

41
Org.
Ped.

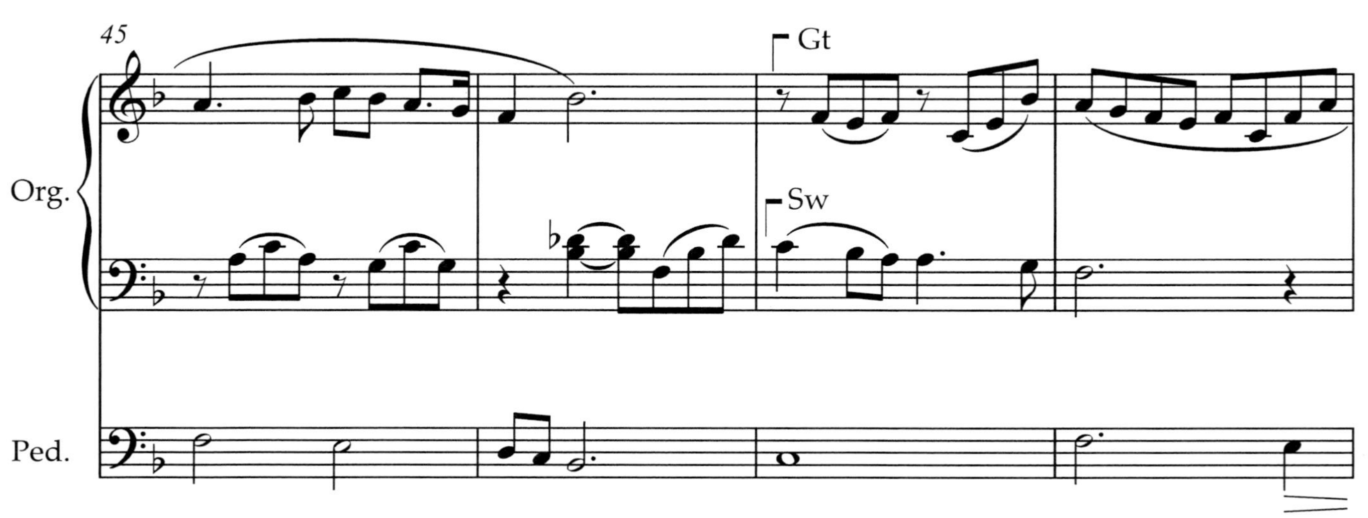

45
Org.
Ped.
Gt
Sw

Org.
Ped.
49
rit.
a tempo
Gt
p
53
57
Sw Flute 8, 4, Oboe
Gt Principal 8, Flute 8, 4
Pd Soft 16, 8
Gt
Sw
mp
mp
p

61
Org.
Ped.
Gt

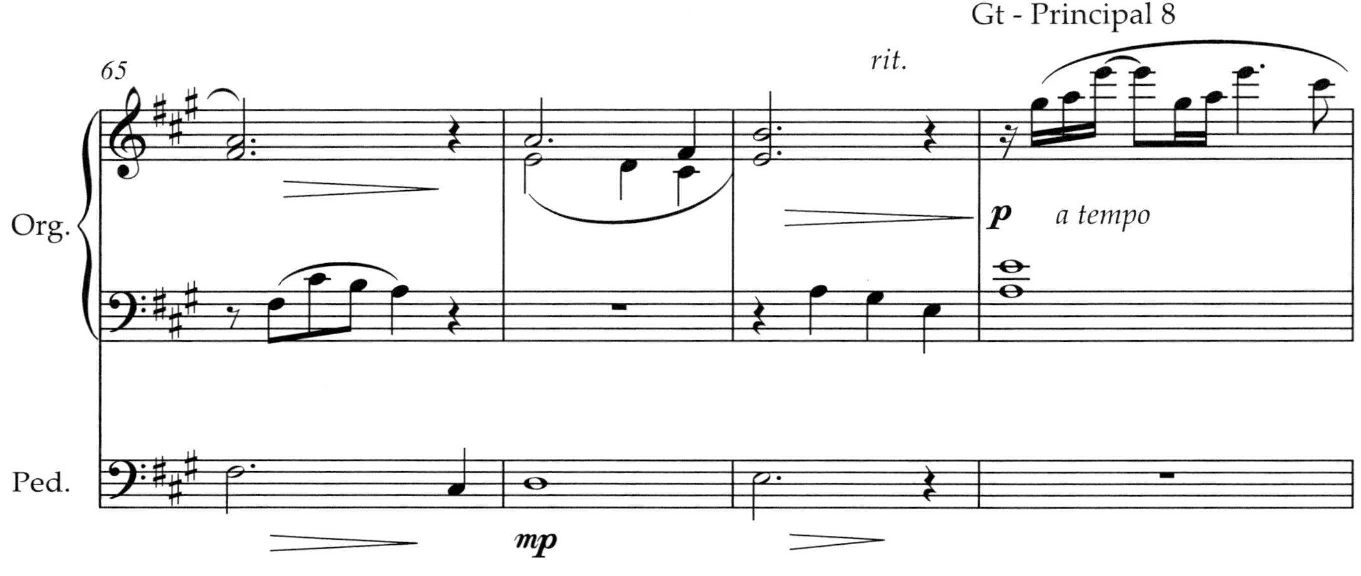

65
Org.
Ped.
rit.
Gt - Principal 8
p
a tempo
mp

69
Org.
Ped.

73
Org.
Ped.
Gt + Principal 8, Octave
Pd + Gt/Pd
p
f

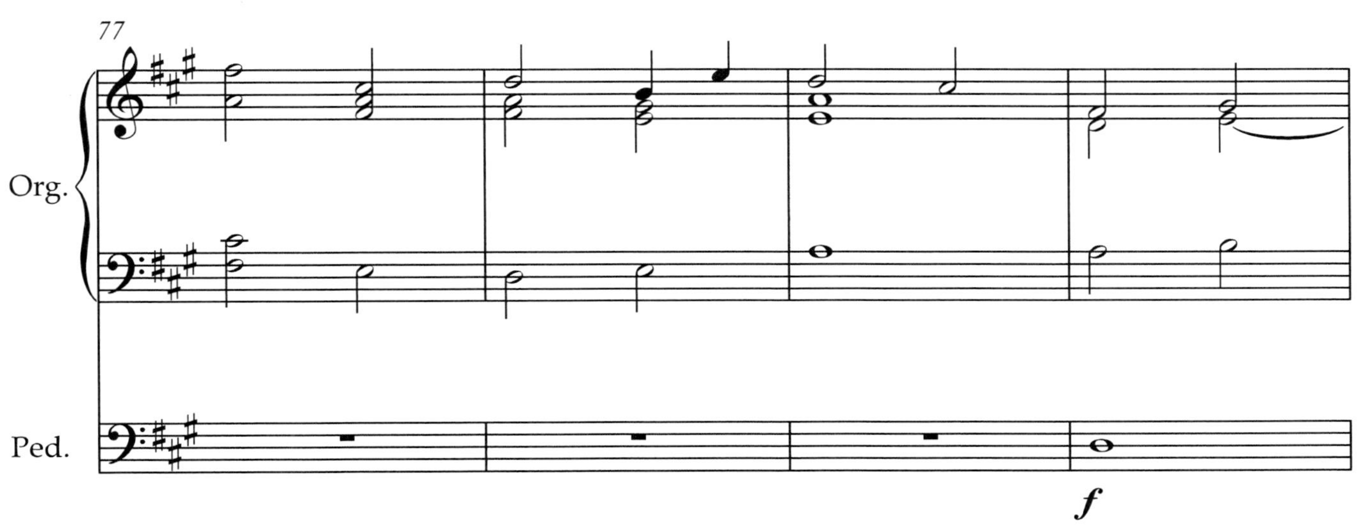

77
Org.
Ped.
f

81
rit.
Org.
Ped.

물이 바다 덮음 같이 I

As the Water Covers the Sea

Sw. Foundations 8, 4
Gt. Foundations 8, 4, 2, Sw/Gt
Ped. 16, 16, 8, 8, Reed 16, Gt/Pd

고형원 작사/작곡
조아름 편곡

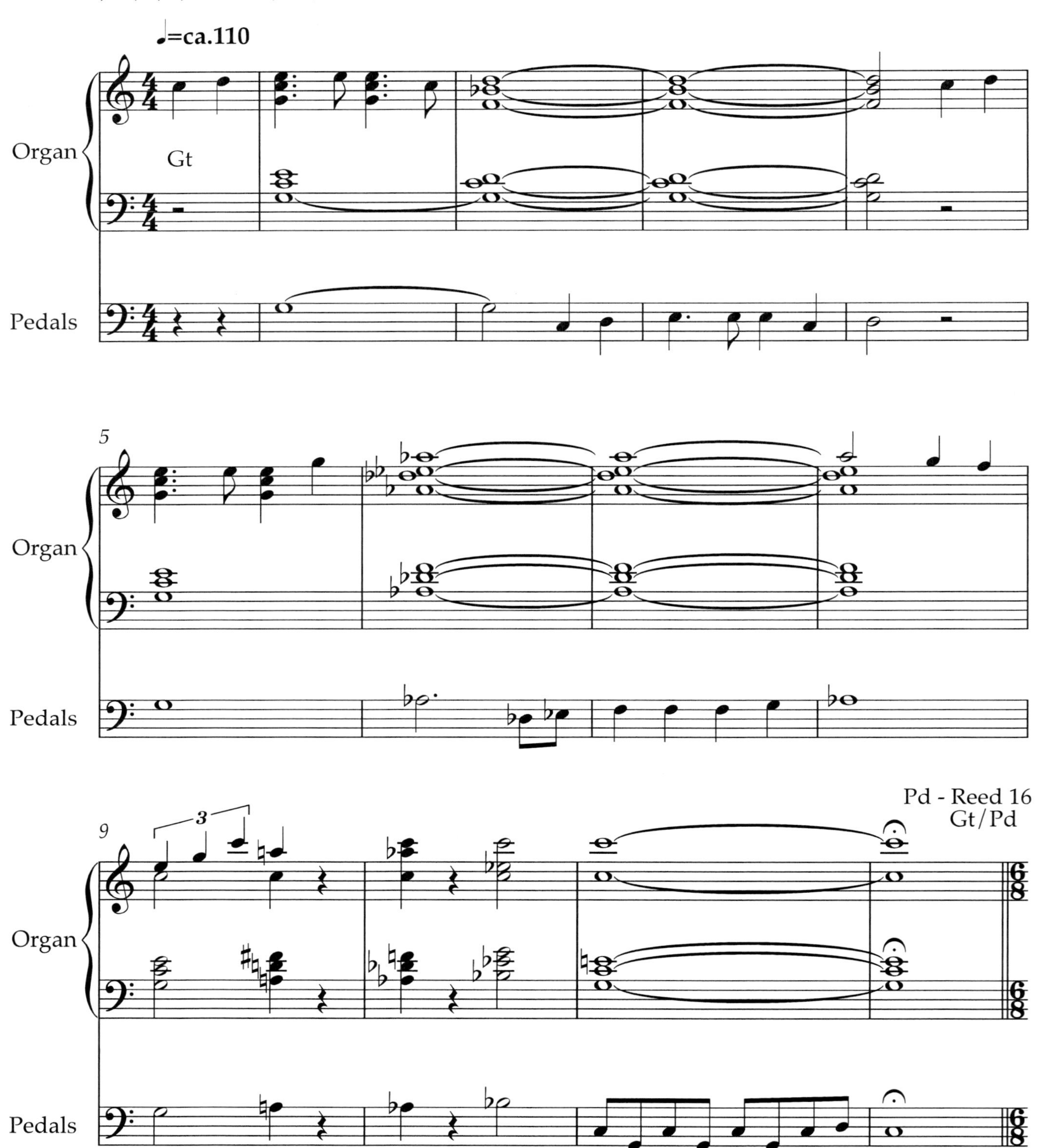

Copyright © 2023 교회음악사 All rights reserved.
본 악보집은 한국크리스천음악저작자협회로부터 승인을 받았습니다.

13
♩.=ca.72
Organ
Sw
mp
Pedals

18
Organ
Pedals

23
Organ
Pedals

mf

40
Organ
Pedals
f Gt

♩.=ca.84
44
Organ
Pedals

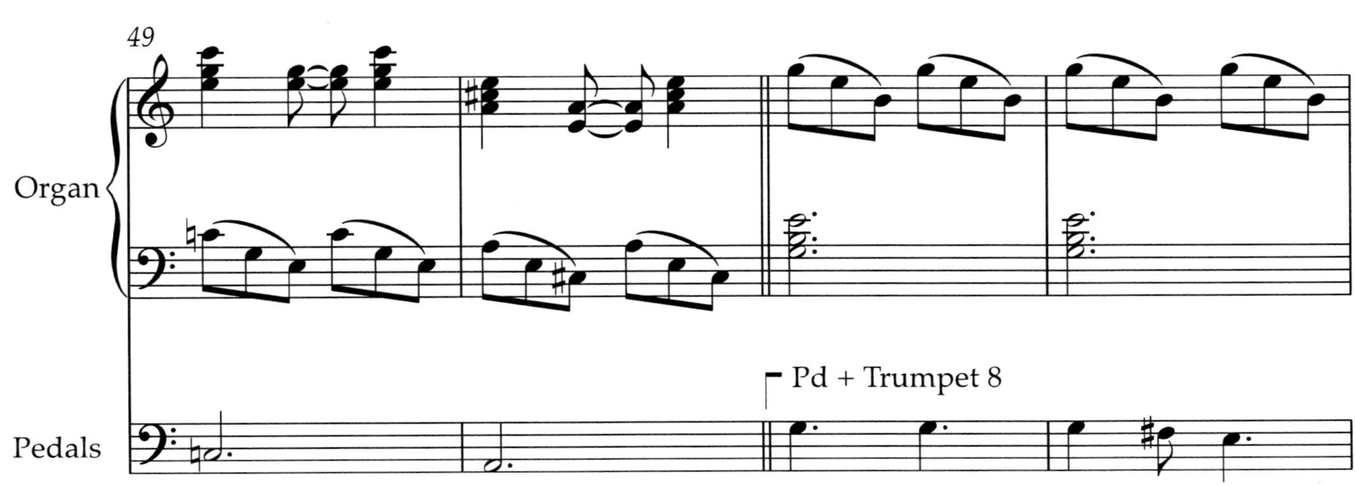

49
Organ
Pd + Trumpet 8
Pedals

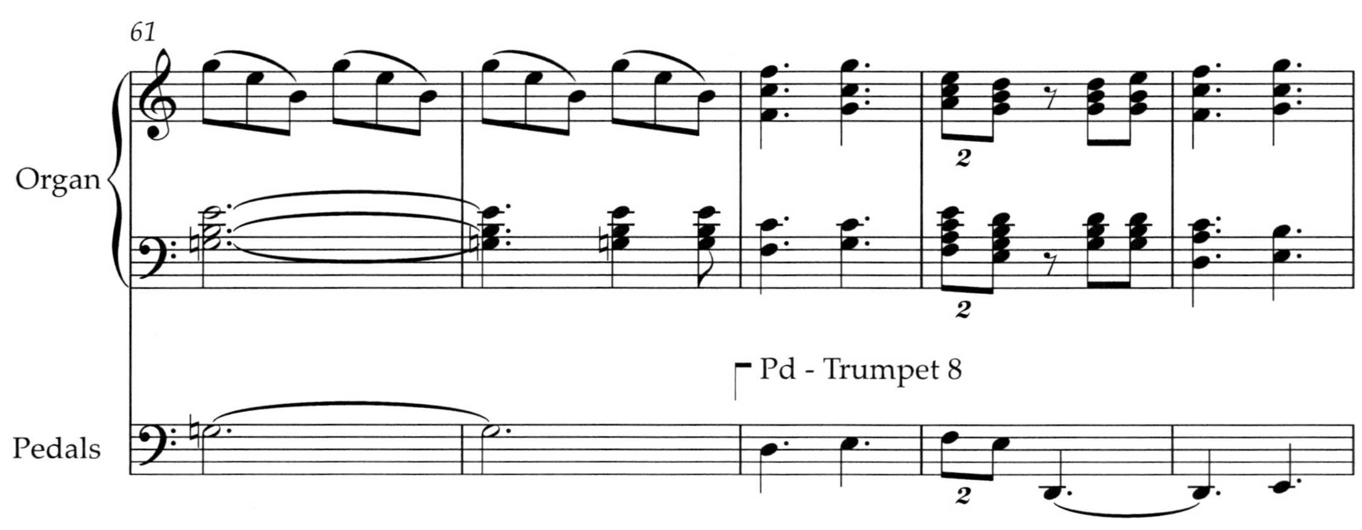
Pd - Trumpet 8

♩.=ca.92
Gt + Mixture
cresc.
66
Organ
Pedals

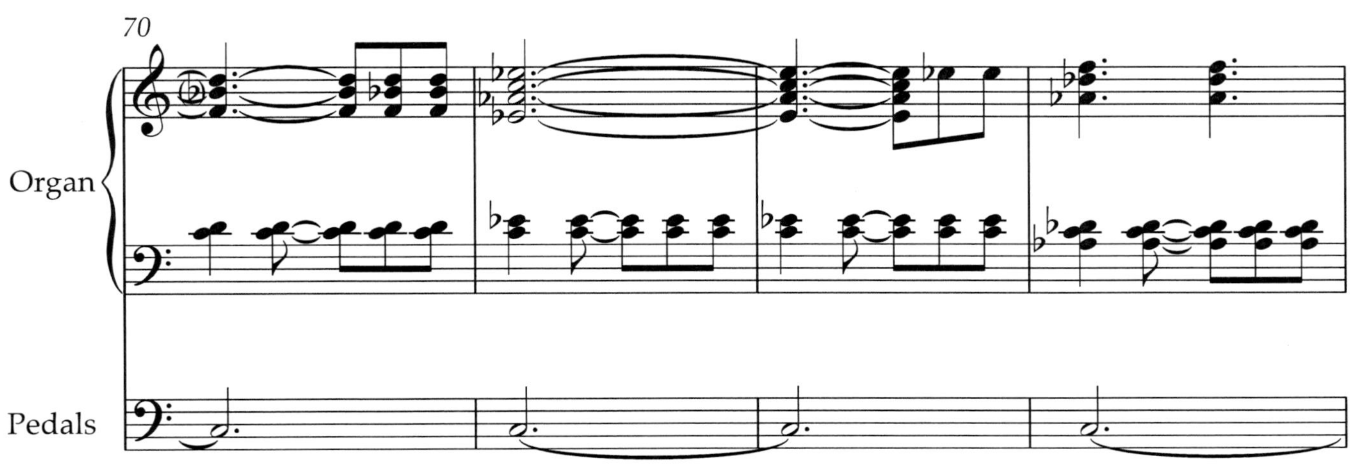

70
Organ
Pedals

74
Organ
Pedals
Pd + Gt/Pd

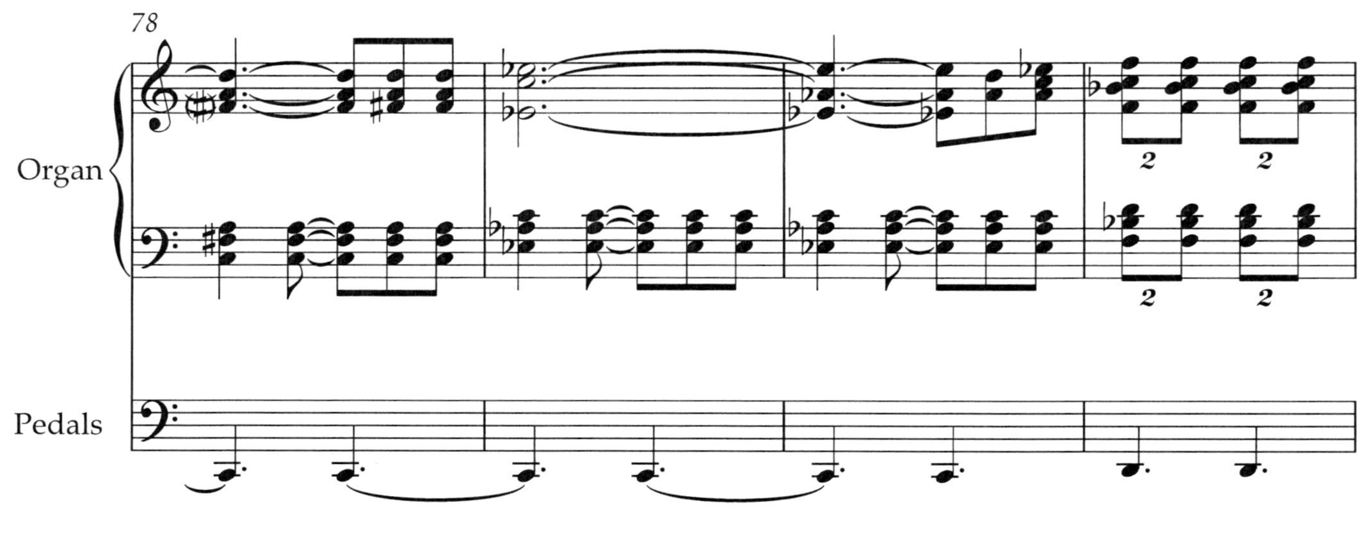

ff

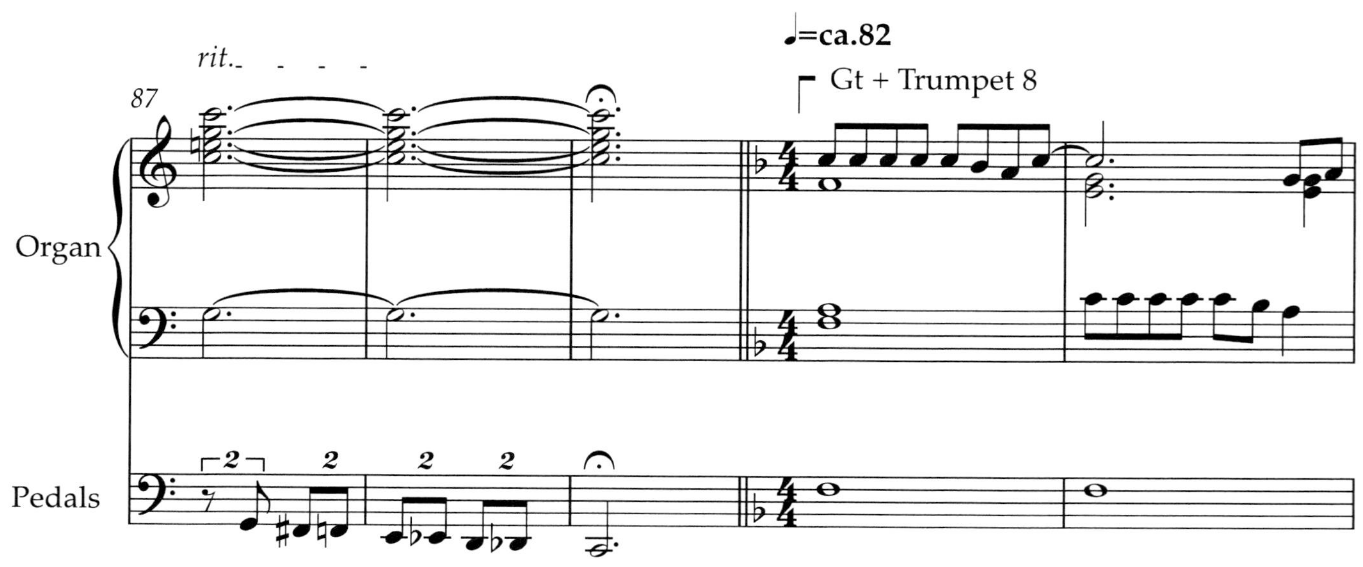
rit.
♩=ca.82
Gt + Trumpet 8

살아계신 주
Because He Lives

Sw. Foundations, Reed
Gt. Foundations, Mixture, Reed, Sw/Gt
Ped. Full 16,8, Reeds, Gt/Pd, Sw/Pd

Gloria Gaither작사
William J. Gaither 작곡
박희성 편곡

Copyright © 2023 교회음악사 All rights reserved.
O.T. : Because He Lives / O.W. : Gloria Gaither, William J Gaither
O.P. : Hanna Street Music Ltd / S.P. : Universal Music Publishing Korea, CAIOS
Adam. : Capitol CMG Publishing / All rights reserved. Used by permission.

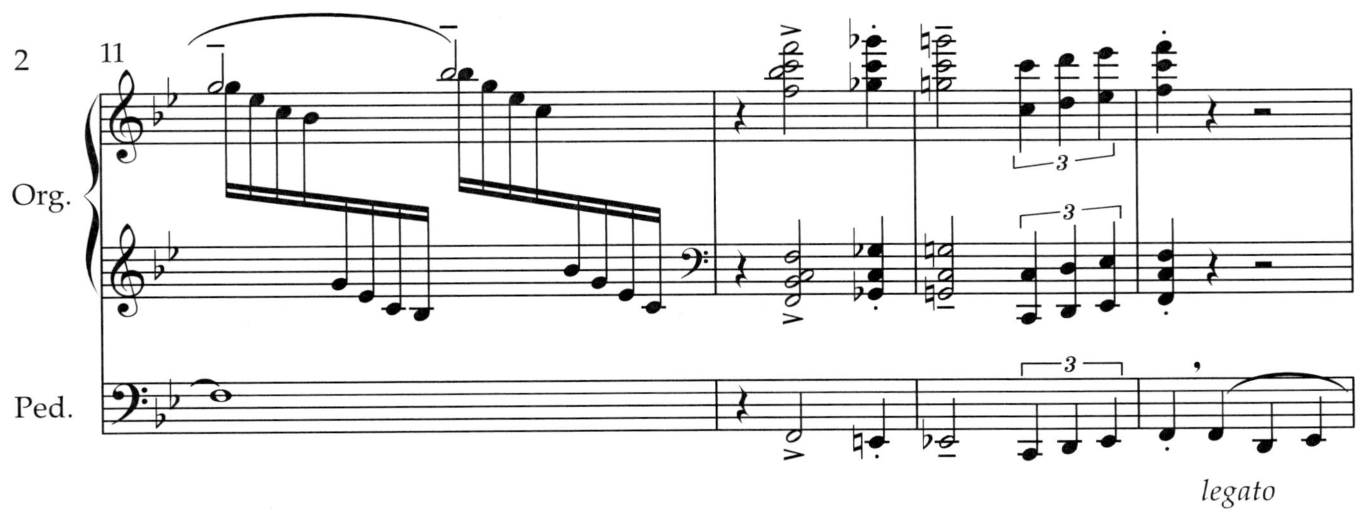
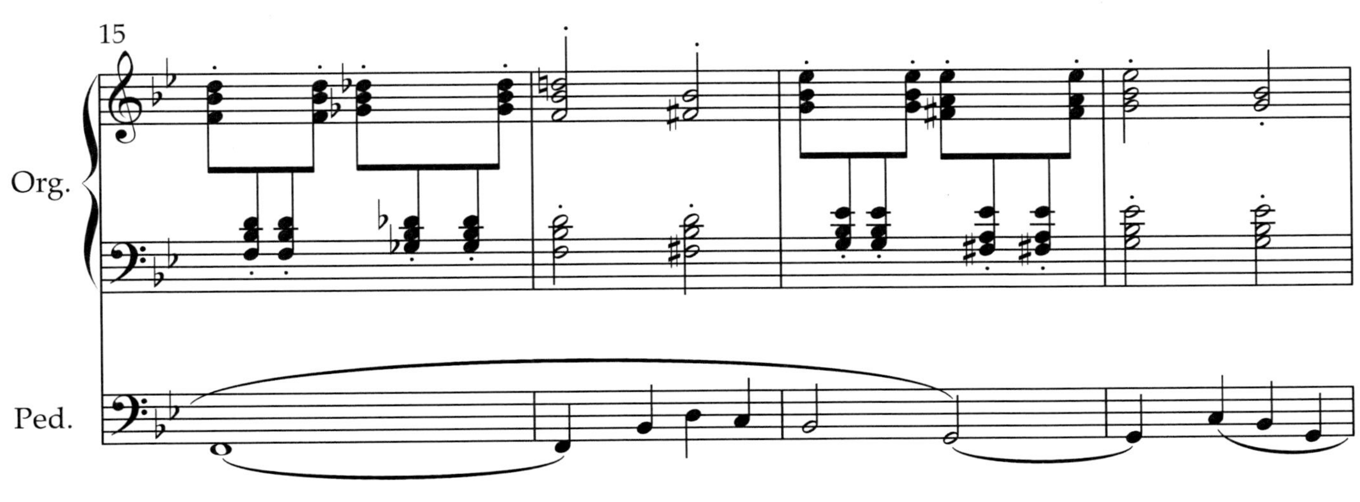
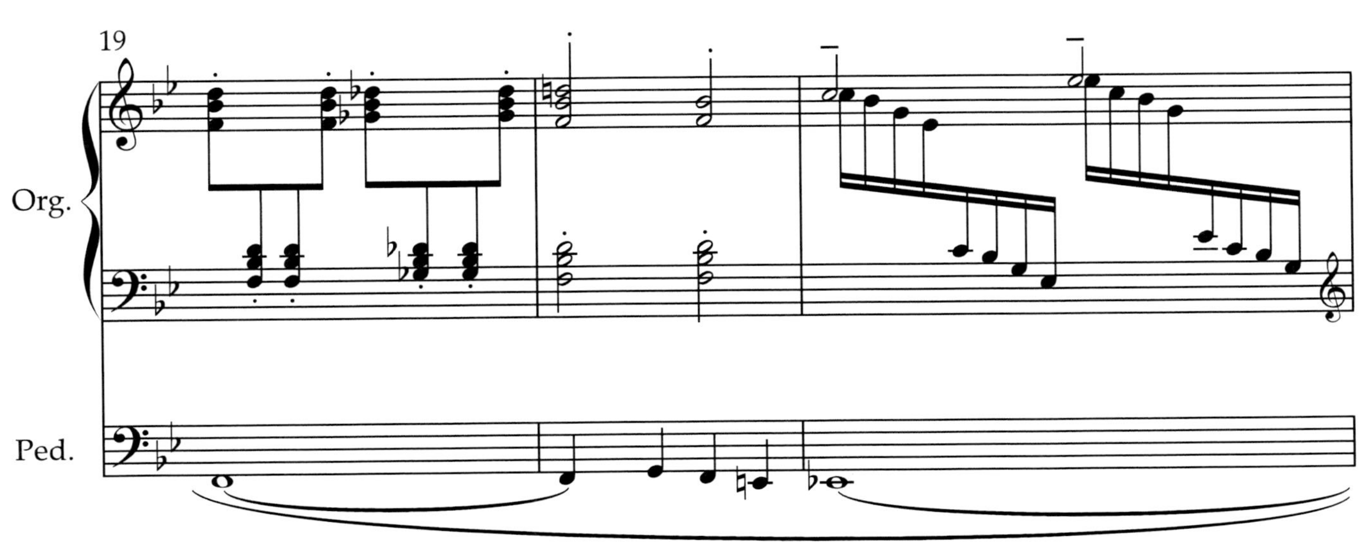

legato

22
Org.
Ped.
3
25
Org.
Ped.
30
3
Org.
3
Ped.

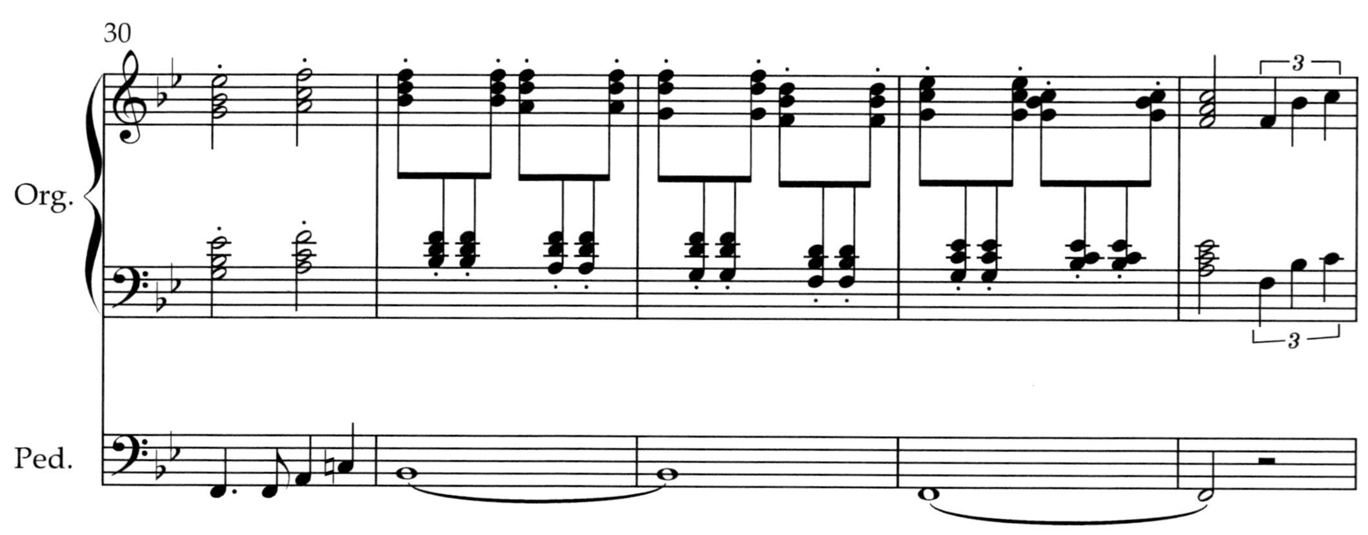

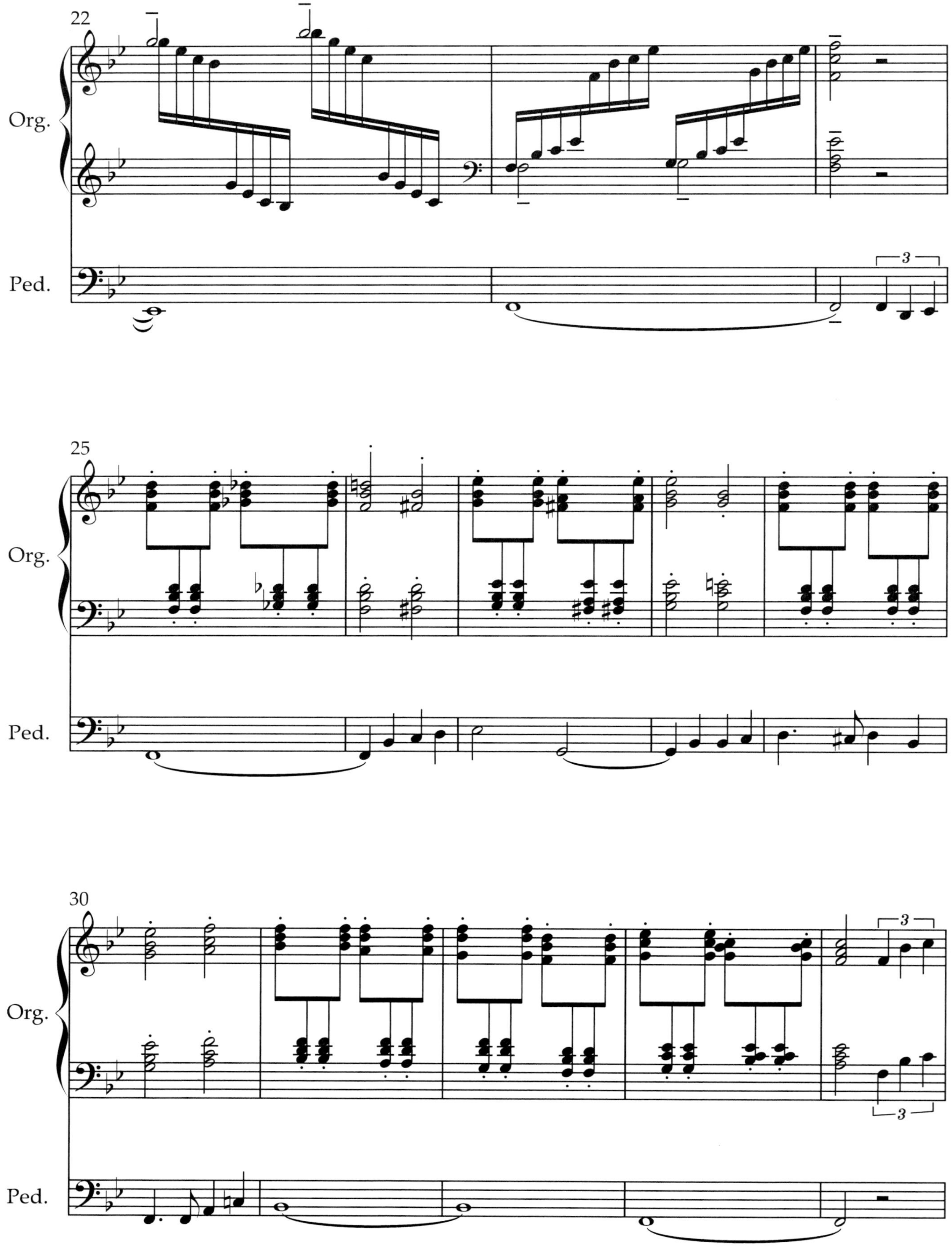

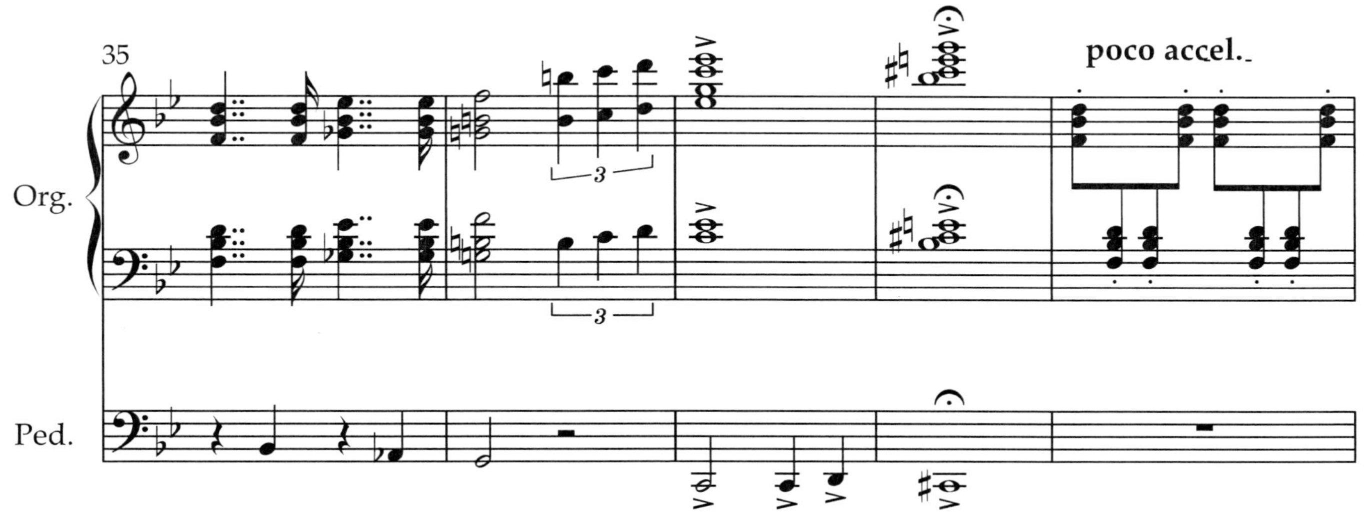

35
Org.
Ped.
poco accel.
3
3

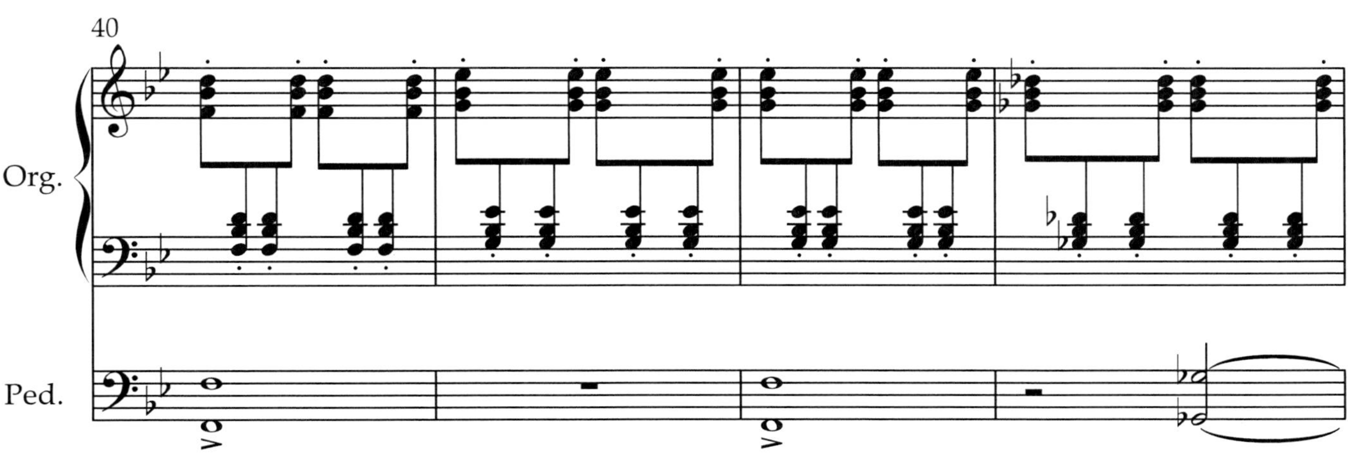

40
Org.
Ped.

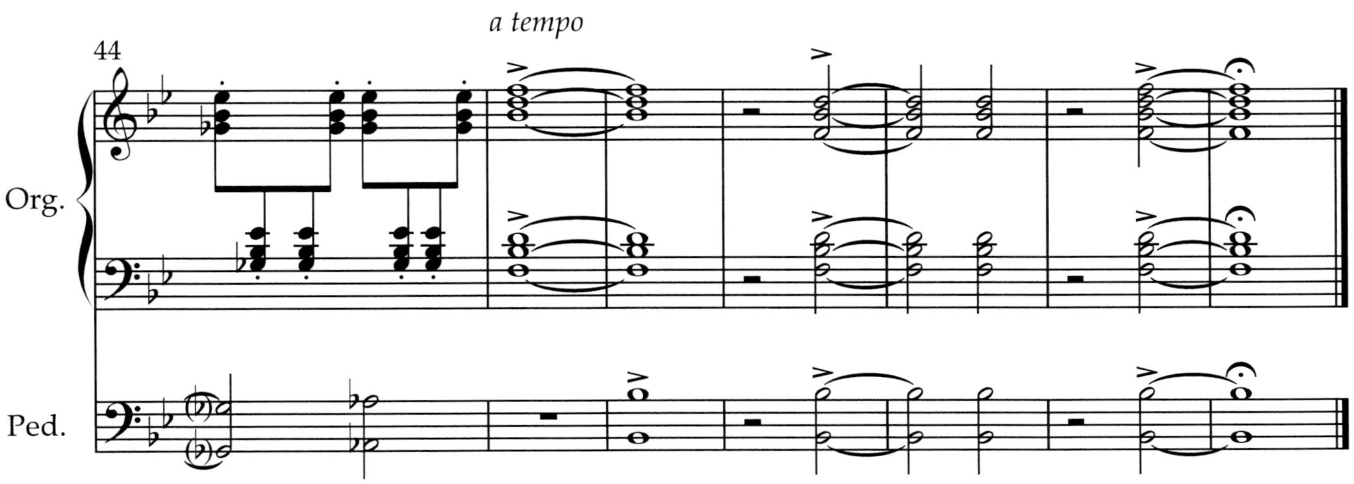

44
a tempo
Org.
Ped.

우리는 주의 백성이오니
We Are Your People

Sw. Reeds 8, 4
Gt. Foundations, Mixture
Ped. Full 16, 8, Trumpet, Gt/Pd

David Fellingham작사/작곡
박시애 편곡

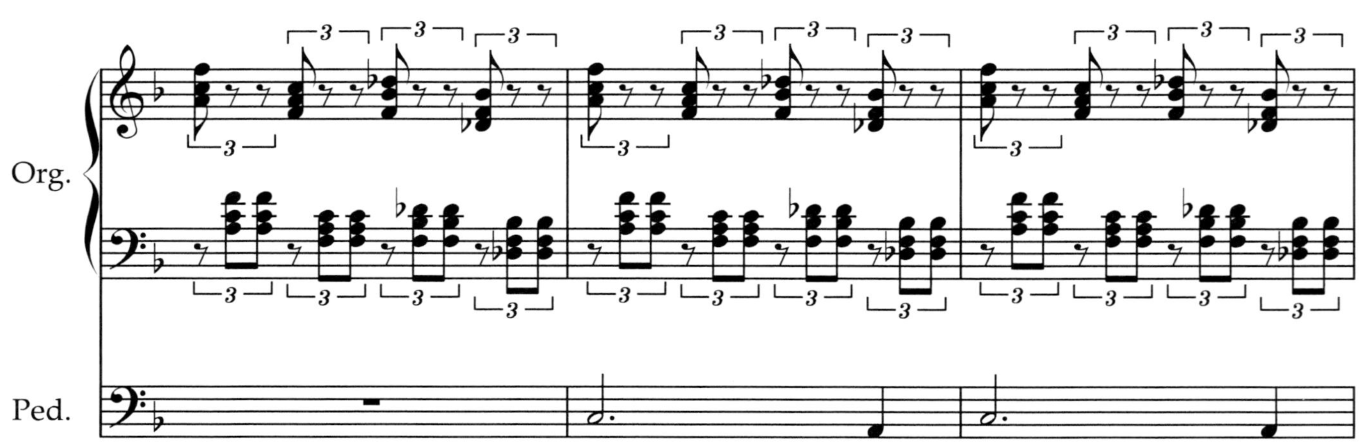

Copyright © 2023 교회음악사 All rights reserved.
O.T. : We Are Your People / O.W. :David Fellingham
O.P. : Thankyou Music Ltd / S.P. : Universal Music Publishing Korea, CAIOS
Adam. : Capitol CMG Publishing / Allrights reserved. Used by permission.

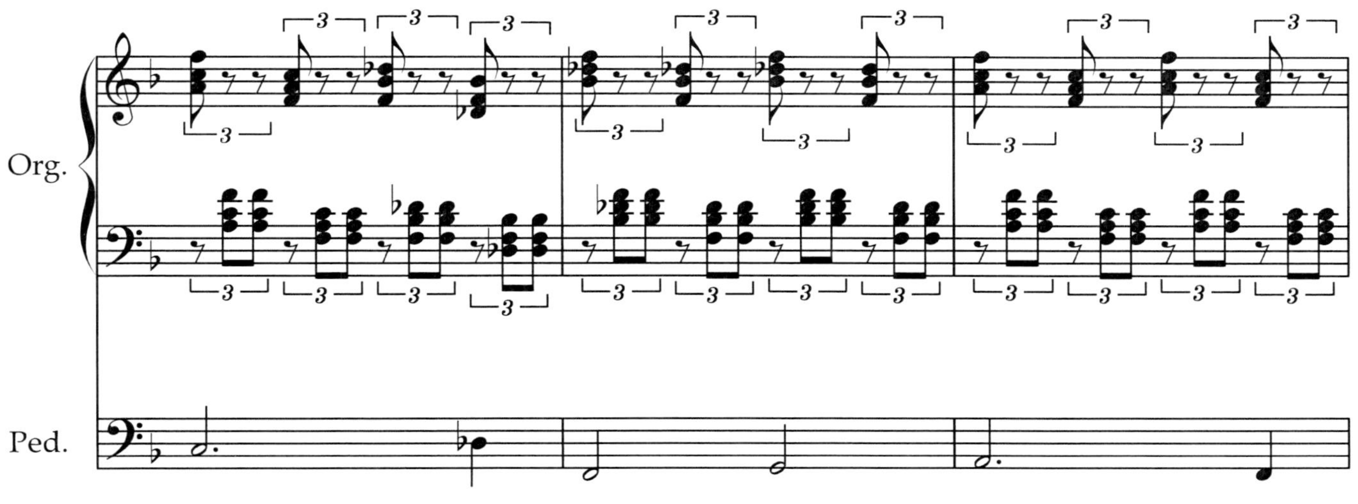

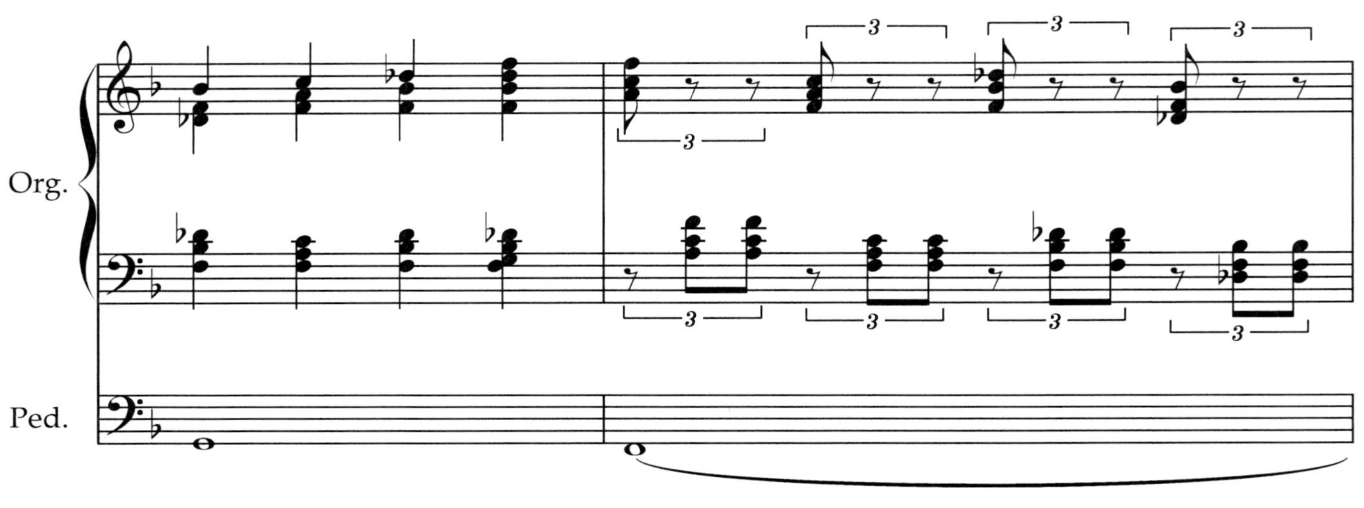

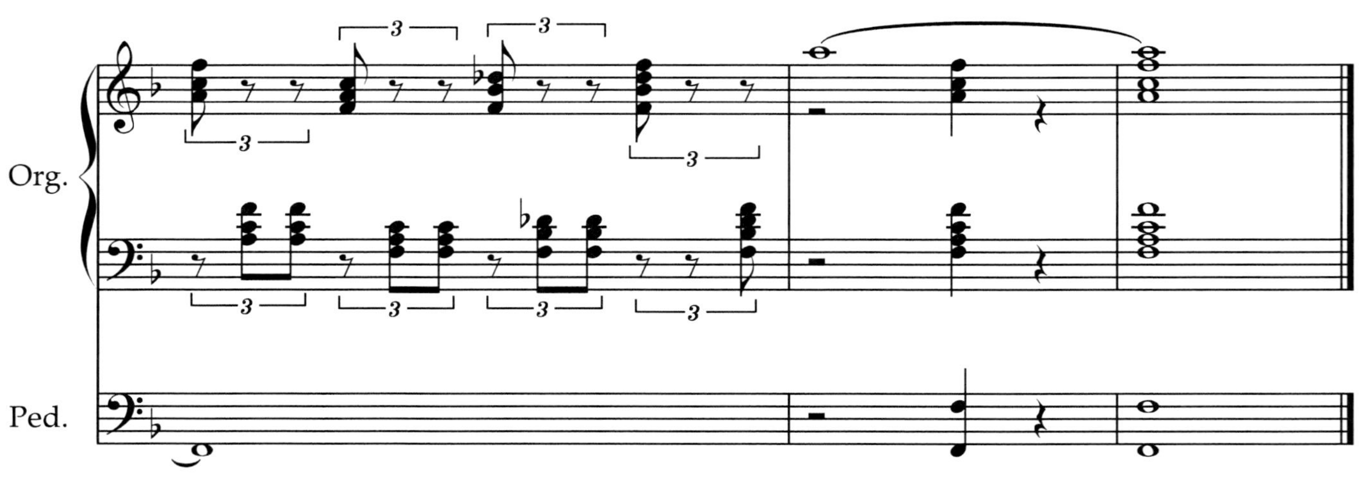

찬양하라 내 영혼아
Bless the Lord My soul

Sw. Foundations 8, 4, 2, Trumpet
Gt. Foundations 8, 4, 2, Mixture, Sw / Gt
Ped. Full 16, 8, Gt / Pd

Margaret Evans 작사/작곡
Hanna Cho 편곡

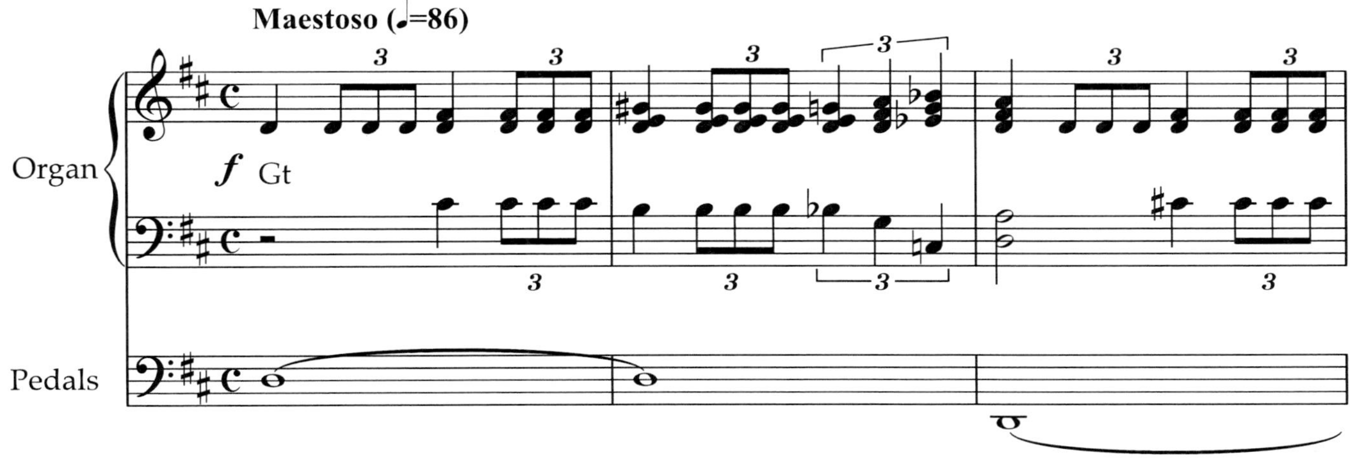

Copyright © 2023 교회음악사 All Rights reserved.
O.T. : King of Kings Bless The Lord O My Soul / O.W. : Margaret Evans
O.P. : Thankyou Music Ltd / S.P. : Universal Music Publishing Korea, CAIOS
Adam. : Capitol CMG Publishing / All rights reserved. Used by permission.

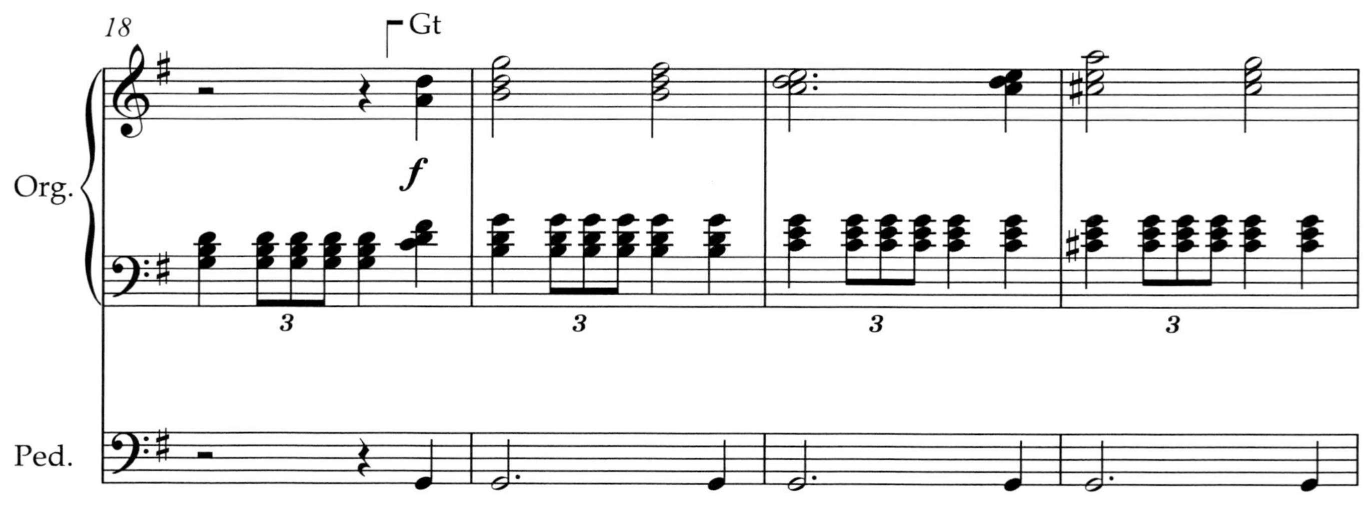

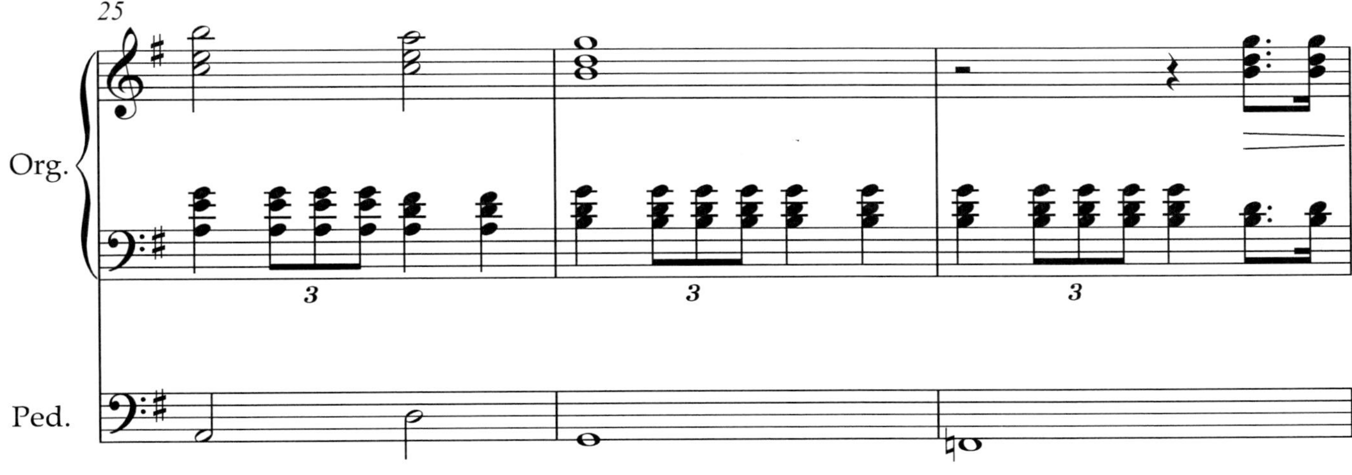

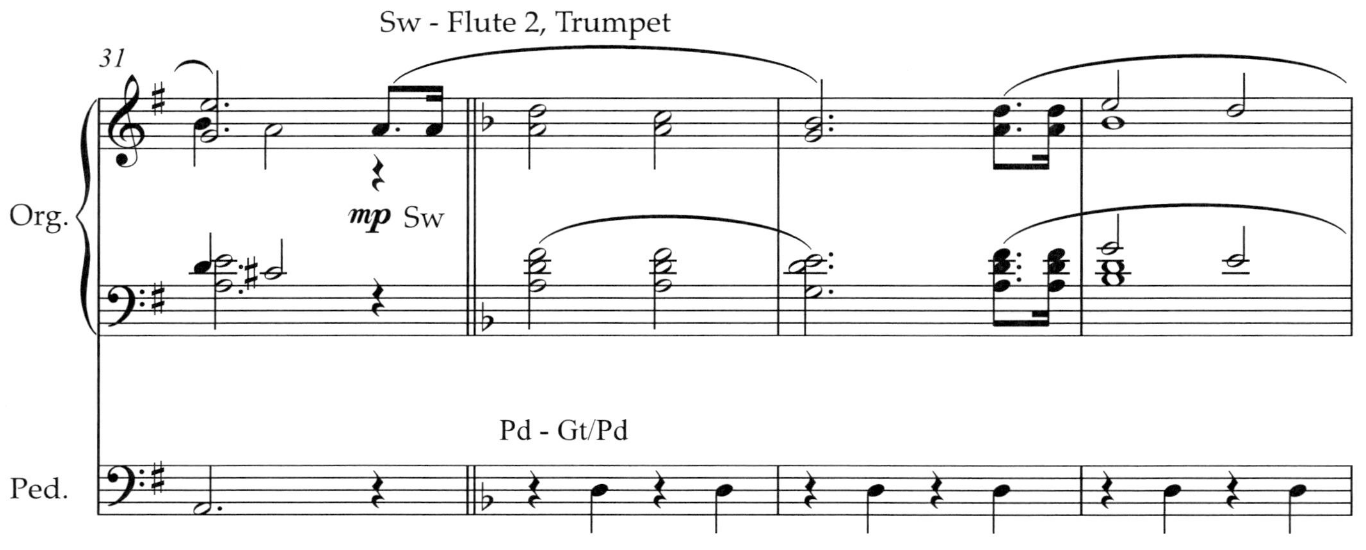
31
Sw - Flute 2, Trumpet
Org.
mp Sw
Pd - Gt/Pd
Ped.

35
Org.
Ped.

39
Gt + 2
Org.
mf Gt
Ped.

meno mosso (♩ = 84)
Sw +2, Trumpet
50
Org.
Ped.
6
7
f
6
6
6
6

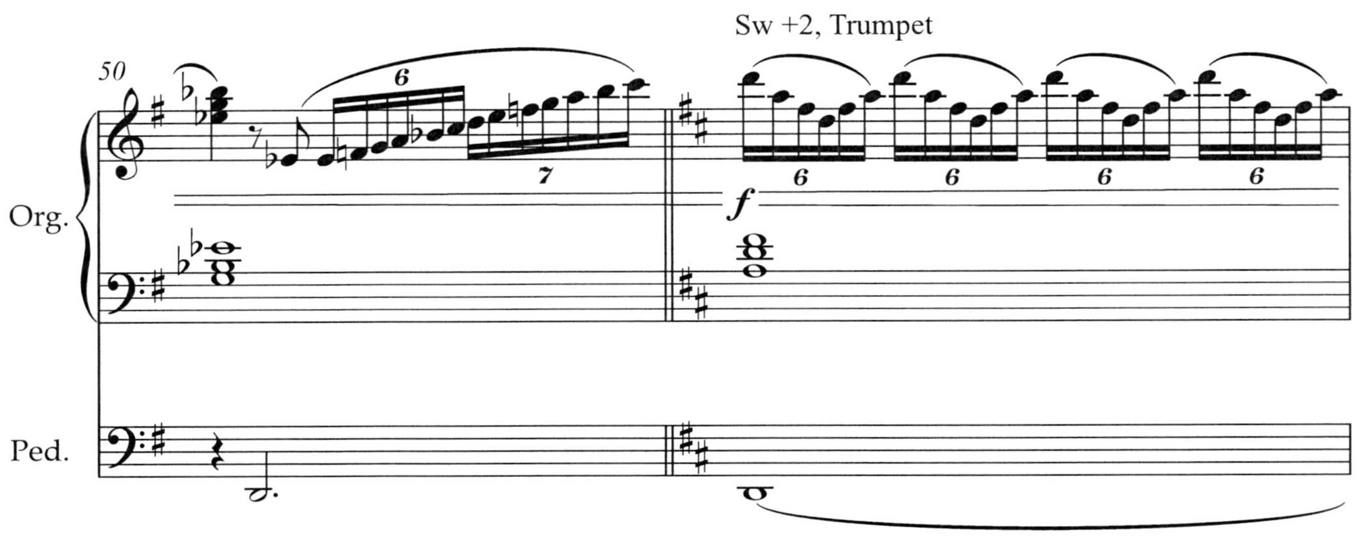

52
Org.
Ped.
6
6
6
6
6
6
6
6
Sw

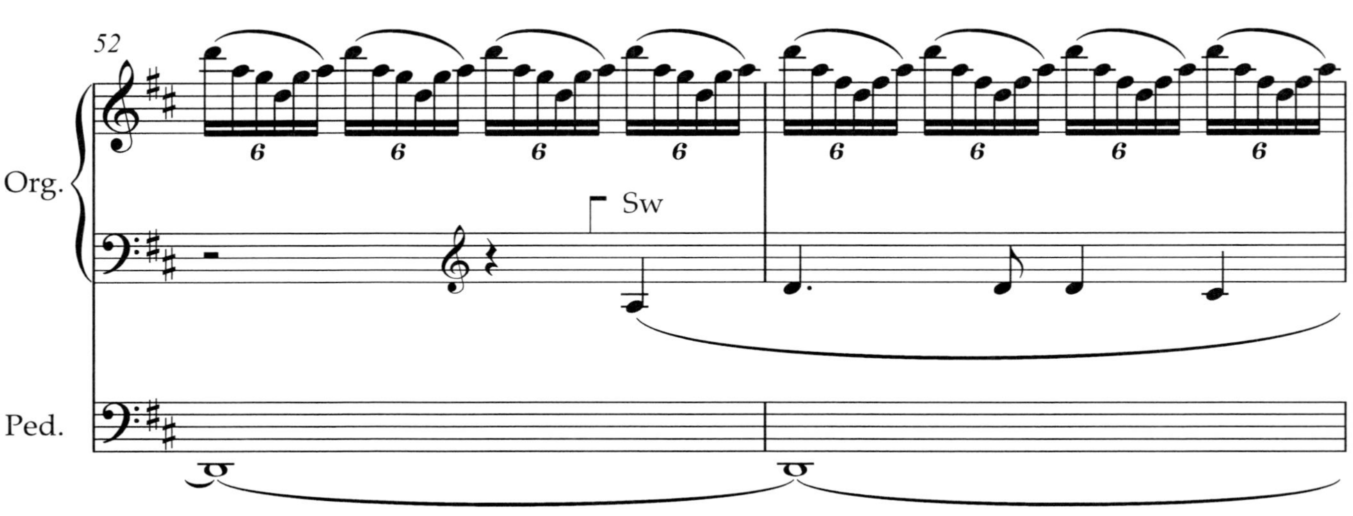

54
Org.
Ped.
6
6
6
6
6
6
6
6

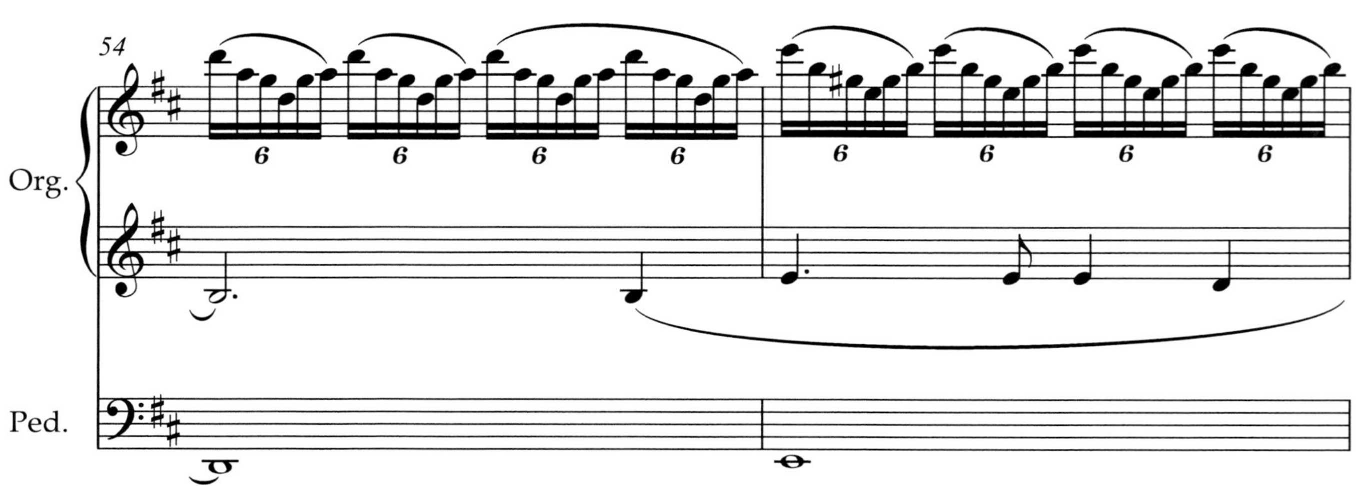

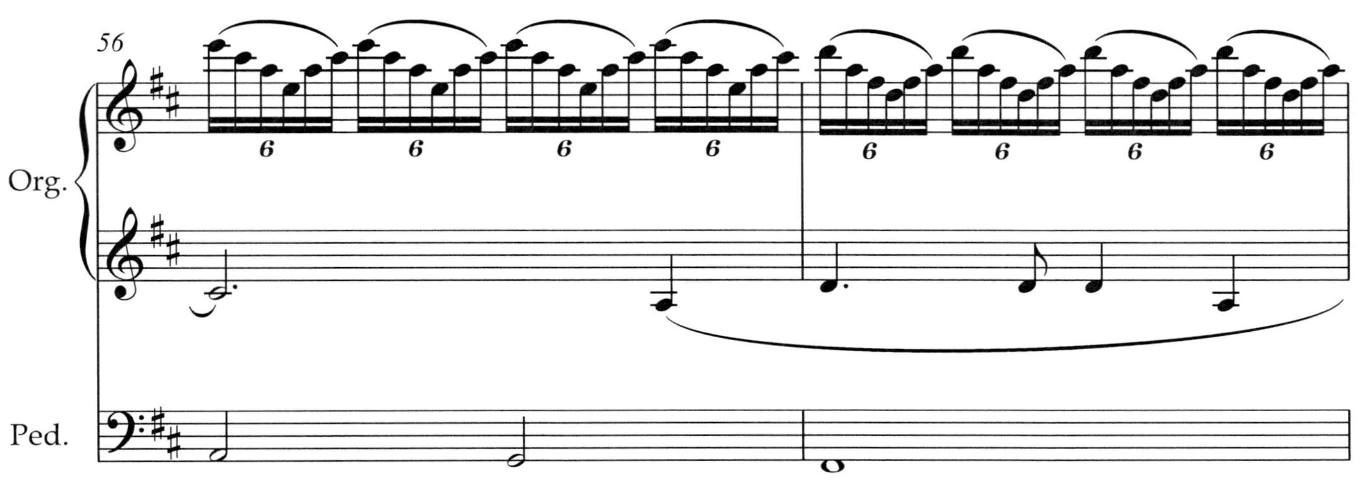

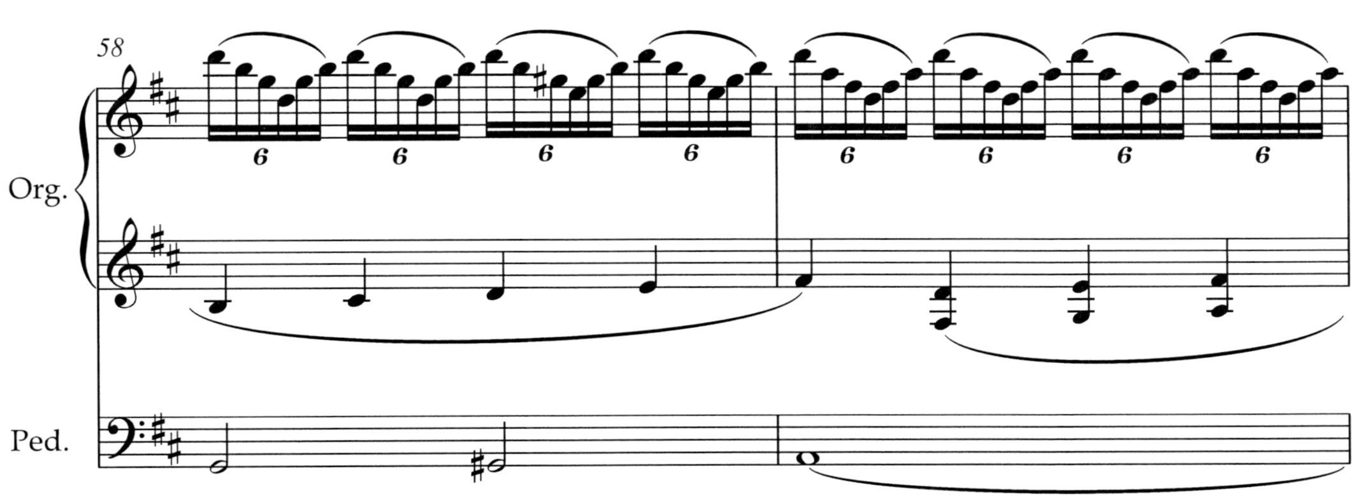

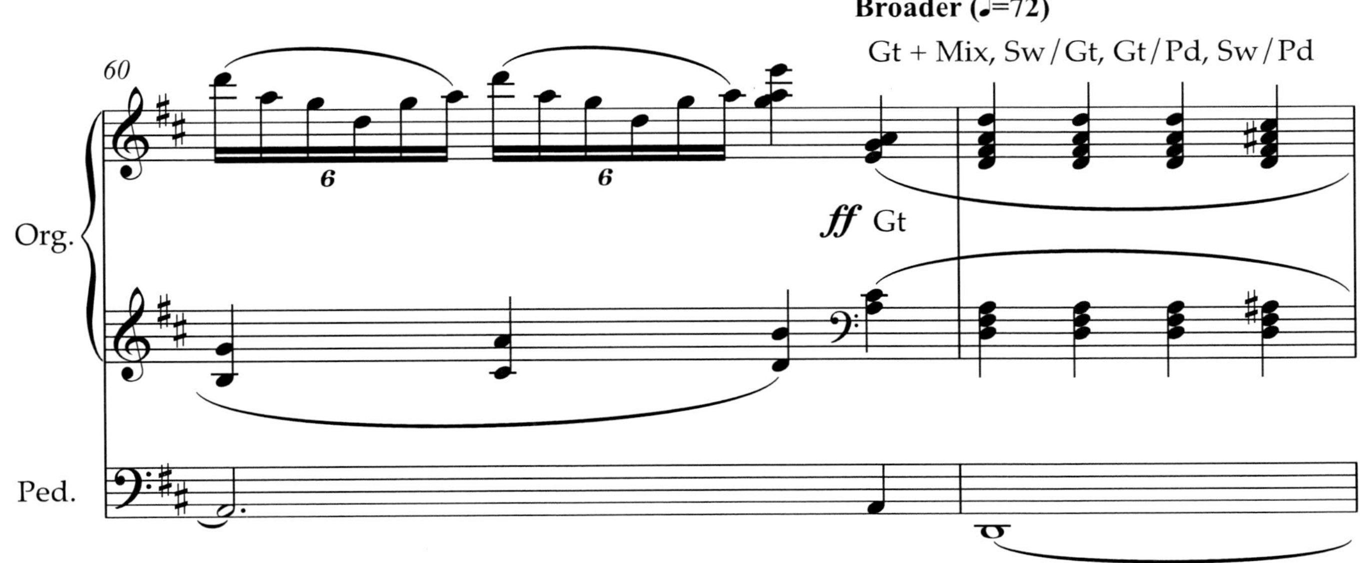
Broader (♩=72)
Gt + Mix, Sw / Gt, Gt / Pd, Sw / Pd
ff Gt

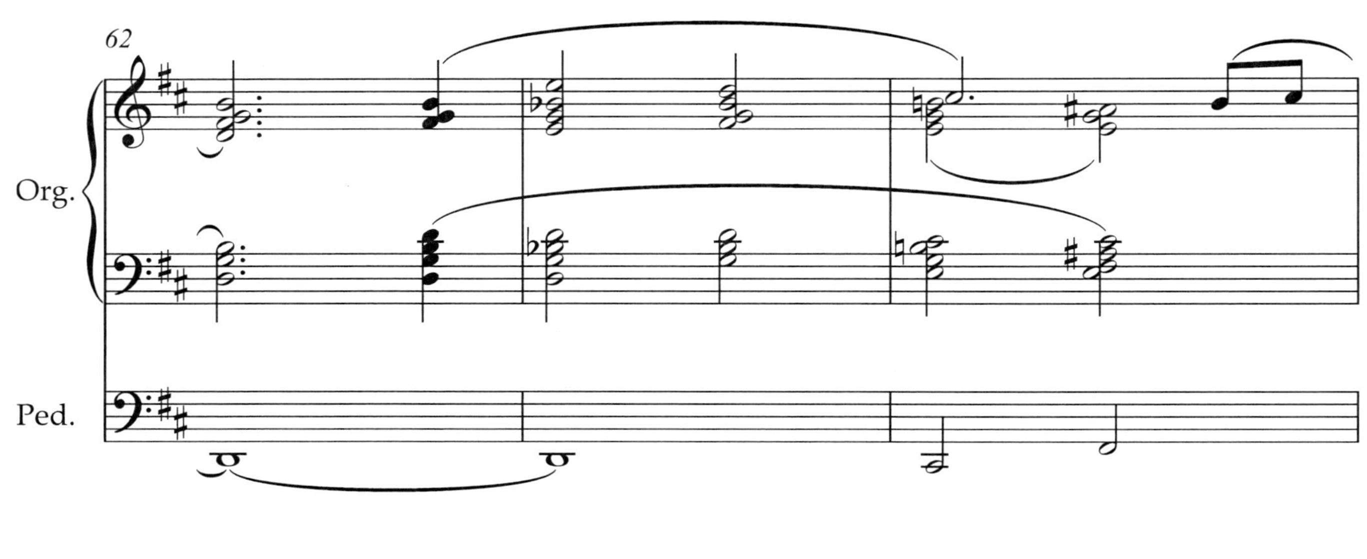

Editor

오르가니스트 / 전은배

전은배는 이화여자대학교 종교음악과 및 동 대학원을 졸업하였다. 이어서 독일 하노버 국립 음악대학교에서 디플롬과 최고 연주자과정을 졸업하였고, 네덜란드 그로닝엔 프린스 클라우스 콘서바토리에서 포스트그레쥬에이션 과정을 졸업하였다. 유학하는 동안, 하노버 성 니콜라이 교회에서 7년 반 동안 오르가니스트로 봉직했다. 또한, 이태리 Music Atri 국제 오르간 콩쿨 1위와 네덜란드 Leeuwarden 국제 오르간 콩쿨 Finalist에 입상하였다.

이화여대 창립 120 주년 국제 콩쿨 입상자 기념 음악회, 한국 오르간학회 정기 연주회와 횃불회관, 롯데콘서트홀, 영산아트홀, 엘림홀, 한신대학원, 장로회신학대학교, 서울신학대학교, 경동교회, 안동교회, 서문교회, 신길교회, 성공회대성당, 세종문화회관, 대구 계명대학교 아담스채플, 공간 울림, 남산교회, 경주제일교회 등에서 연주활동을 왕성하게 하였다. 그 외에도 독일 하노버 국립음대 기념 음악회를 비롯하여 베를린, 막데부르크, 하멜른, 고슬라, 카우풍엔, 크루스, 하넨클레, 랑엔하겐, 민덴, 에센, 네덜란드 하렌, 그로닝엔, 영국 옥스포드, 룩셈부르크, 폴란드 크라카우, 브레스라우, 미국 로스앤젤리스, 시애틀, 캐나다 뱅쿠버, 중국 하얼빈, 일본 도쿄, 요코하마 등지에서 독주회와 실내악, 합창반주 또한 오케스트라 음악회에서 협연 등 독주자 및 연주자로 활발하게 활동하였다.

특히, 실내악에도 심혈을 기울여 2002년에 창단한 <Duo Concertato>로 해마다 국내외에서 연주활동 중이다.

이화여자대학교, 서울신학대학교, 장로회신학대학교, 한신대대학원, 인천예술고등학교, 경남기독문화원 강사를 역임하였다.

현재 교회음악사 대표
　　　앙상블 Hi-Pipe 대표
　　　한국교회음악협회 신임이사
　　　영락교회 오르가니스트
　　　솔리데오여성합창단 반주

Email : juhnhj3640@naver.com

Composer

장태승

- 경희대학교 작곡과 및 동 대학원 졸업
- 침례신학대학교 교회음악대학원 졸업
- Musicians Institute Hollywood 졸업
- 침례신학대학교/대학원 초빙교수, 한국남성합창단 전임작곡가 역임
- 영락교회 대학부찬양대 지휘

임주은

- 장로회신학대학교 교회음악학과 작곡 전공 졸업
- 서울특별시 교육청 음악영재학급 작곡 부문 교육 과정 수료

이근형

- 한양대학교 작곡과 학사 및 석사 졸업
- 미국 인디애나 대학 작곡전공 박사 졸업
- 중앙음악 작곡 콩쿠르 및 창악회 콩쿠르 1위
- 국민대학교 예술대학 작곡전공 조교수 및 프라임 필하모닉 오케스트라 전임작곡가 역임
- 현재 한양대학교 음악대학 작곡과 겸임교수

조아름

- 한양대학교 작곡 학사 졸업
- 뉴욕대학교 작곡 석사 졸업
- 현재 음악감독 활동중

서은정

- 경북대학교, 이화여자대학교 대학원 졸업
- 러시아 St. Petersburg 국립음악원 작곡 디플롬
- 독일 하노버 국립음대 작곡과 최고연주자과정 졸업
- 현재 창작공연 및 편곡전문 컴팩토리 대표
  경북예고 강사

박희성

- 이화여자대학교 종교음악과(오르간 전공) 학사 졸업
- 독일 뷔르템베르크 주교회 튀빙엔 교회음악대학 B-디플롬
- 벨기에 브뤼셀 왕립 음악원 고음악 석사 (하프시코드 전공)
- 벨기에 브뤼셀 왕립 음악원 작곡과 학사 휴학 중
- 콰이어 & 오르간 기자 및 편집장 역임

박시애

- 장로회신학대학교 학사 졸업
- 한국예술종합학교 전문사 졸업
- 미국 신시내티대학 박사 졸업
- 장신대 겸임교수
- 소망교회, 베스퍼스합창단 오르가니스트

Hanna Cho

- 이화여자대학교 작곡과(작곡 전공, 오르간 부전공) 졸업
- 미국 카네기멜론대학교 작곡 석사
- 미국 이스트만 음악대학 합창지휘 석사
- 현재 시애틀 First Presbyterian Church of Snohomish 음악감독

Hi! Pipe II ⟨CCM 편⟩

초판발행일 2024년 2월 28일

펴낸이 전은배

발행처 교회음악사

편곡 장태승, 임주은, 이근형, 조아름, 서은정, 박희성, 박시애, Hanna Cho

감수위원 한은미

사보 박보람

디자인 주현순

이메일 juhnhj3640@naver.com

전화 010-6836-3968

팩스 (02) 383-3968

정가 15,000원

- 잘못된 책은 교환해드립니다.
- 교회음악사의 사전 동의나 허락 또는 계약 없이 본 악보의 복사, 전재 또는 일부라도 편집 자료로 사용하는 것은 저작권의 저촉을 받습니다.